企业安全生产法律责任丛书

企业从业人员安全生产法律责任

主编　任彦斌

中国劳动社会保障出版社

图书在版编目(CIP)数据

企业从业人员安全生产法律责任/任彦斌主编. —北京：中国劳动社会保障出版社，2012

(企业安全生产法律责任丛书)

ISBN 978-7-5045-9692-5

Ⅰ.①企…　Ⅱ.①任…　Ⅲ.①企业管理-安全生产-安全法规-汇编-中国　Ⅳ.①D922.549

中国版本图书馆 CIP 数据核字(2012)第 090491 号

中国劳动社会保障出版社出版发行

(北京市惠新东街1号　邮政编码：100029)

出版人：张梦欣

*

北京金明盛印刷有限公司印刷装订　新华书店经销

880毫米×1230毫米　32开本　7.625印张　187千字

2012年5月第1版　2012年5月第1次印刷

定价：22.00元

读者服务部电话：010-64929211/64921644/84643933

发行部电话：010-64961894

出版社网址：http://www.class.com.cn

内容简介

本书根据安全生产相关法律法规的规定，全面阐述了企业从业人员的安全生产责任。全书以企业从业人员必须掌握的安全生产基础知识、安全生产相关技术知识和安全生产法律职责为出发点，为企业相关人员明确自身的安全生产责任和义务提供指导，同时配有与之对应的法律法规规定供参考学习与查询。

本书主要内容包括企业从业人员应该承担的法律责任：安全生产基础知识和安全生产责任制，遵守安全规章制度和操作规程的责任，正确使用和保管劳动防护用品和防护器具的责任，积极参加安全生产教育培训和安全生产检查的责任，及时报告、处理安全事故隐患的责任，积极参加事故应急预案演习和抢险救灾的责任。

本书可供广大企业从业人员阅读，也可作为安全生产执法人员和管理人员以及从事安全生产相关工作的人员参考学习，还可供企业安全生产普法宣教活动使用。

前言

《安全生产法》第四条明确规定：“生产经营单位必须遵守本法和其他有关安全生产的法律、法规，加强安全生产管理，建立、健全安全生产责任制度，完善安全生产条件，确保安全生产。”我国的安全生产方针是“安全第一，预防为主，综合治理”，要求企业管理坚持“管生产的同时必须管安全”这一原则。为了执行安全生产方针和原则，加强企业安全生产责任制建设一直是我国安全生产法律法规中的重要内容之一。企业是安全生产的责任主体，法律法规要求企业必须建立安全生产责任制，把“安全生产，人人有责”从制度上固定下来。企业的所有从业人员，从法定代表人到每一名职工，都要依据法律法规的规定，切实履行本单位的安全生产职责，把安全生产的责任落实到每一个环节、每一个岗位、每一个人，从而增强各级机构和人员的责任心，使安全管理工作既做到责任明确，又相互协调配合，共同努力把安全生产工作落到实处。

实践证明，凡是建立、健全安全生产责任制度的企业，各级领导重视安全生产、劳动保护工作，切实贯彻执行党的安全生产、劳动保护方针和政策及国家安全生产、劳动保护法规，在认真负责地组织生产的同时，积极采取措施，改善劳动条件，工伤事故和职业病就会减少；反之，就会职责不清、相互推诿，而使安全生产、劳动保护工作无人负责、无法进行，工伤事故与职业病就会不断发生。因此，加强企业安全生产法律责任落实，实现责任分明、各司其职、各负其责，将法规赋予生产经营单位和企业的安全生产责任由大家共同承担，安全生产工作才能形成一个整体，及时消除各类生产安全事故隐患，从而避免或减少事故的发生。

为了使企业相关人员能够对自身安全生产法律责任有明确的认识，掌握实际工作中的责任和义务，落实相关法律法规规定，从而为企业安全生产承担应有责任，我们组织相关专家和学者组成丛书编写组，编写了这套“企业安全生产法律责任丛书”。本套丛书以安全生产法律责任为主线，全部内容包括了企业负责人、安全生产管理人员或安全员、一般从业人员应该掌握的安全生产法律法规规定的职责和义务，同时兼顾安全生产基础知识与管理知识的讲解，还附有相关法律法规原文供读者学习与查询。

“企业安全生产法律责任丛书”编写组人员有：刘松涛、杨勇、任彦斌、佟瑞鹏、孙超、秦伟、黄小明、周志杰、高云增、刘文杰、陈大伟、王兵建、张斌、焦宇、韩雪萍、徐敏、张兵、彭智军、李明铭、高虎。丛书在编写过程中参考了很多资料与书籍，在此特向有关作者表示感谢。由于时间仓促，书中难免有不妥之处，敬请广大读者不吝赐教。

“企业安全生产法律责任丛书”编写组

2012年4月

目录

CONTENTS

第一章　安全生产基础知识和安全生产责任制

第一节　安全生产基础知识

一、安全生产基本概念

安全是人类生存和发展活动永恒的主题，安全生产管理作为生产的重要组成部分，在其长期发展历程中产生了以下几个基本概念。

1. 安全

安全是指生产系统中人员免遭不可承受危险的伤害。安全条件是指在生产过程中，不发生人员伤亡、职业病或设备、设施损害或环境危害的条件。安全状况是指不因人、机、环境的相互作用导致系统失效、人员伤害或其他损失。

2. 本质安全

本质安全是指设备、设施或技术工艺含有内在的能够从根本上防止发生事故的功能。包括两种安全功能：（1）失误—安全功能。操作者即使操作失误，也不会发生事故或伤害；（2）故障—安全功能。设备、设施或技术工艺发生故障或损坏时，还能暂时维持正常工作或自动转变为安全状态。两种安全功能应该是设备、设施和技术工艺本身所固有的，即在规划设计阶段就被纳入，而不是事后补偿。

3. 安全生产

安全生产是为了使生产过程在符合物质条件和工作秩序下进行，防止发生人身伤亡和财产损失等生产事故，消除或控制危险有害因素，保障人身安全与健康，设备和设施免受损坏，环境免遭破坏的总称。

4. 安全生产管理

安全生产管理是指运用有效的资源，发挥人们的智慧，通过人们的努力，进行有关决策、计划、组织和控制等活动，实现生产过程中人与机器设备、物料、环境的和谐，以达到安全生产的目标。安全生产管理的目标是，减少和控制危害，减少和控制事故，尽量避免生产过程中由于事故所造成的人身伤害、财产损失、环境污染以及其他损失。

5. 职业安全卫生

职业安全卫生是安全生产、劳动保护和职业卫生的统称，它是以保障劳动者在劳动过程中的安全和健康为目的，在法律法规、技术、设备与设施、组织制度、管理机制、宣传教育等方面所采取的措施和活动。

6. 劳动保护

劳动保护是依靠科学技术和管理，采取技术措施和管理措施，消除生产过程中危及人身安全和健康的不良环境、不安全设备和设施、不安全环境、不安全场所和不安全行为，防止伤亡事故和职业危害，保障劳动者在生产过程中的安全与健康的总称。

7. 事故

事故是指造成人员死亡、伤害、职业病、财产损失或其他损失的意外事件。例如，我国将工伤事故分为 20 类，分别为物体打击、车辆伤害、机械伤害、起重伤害、触电、淹溺、灼烫、火灾、高处坠落、坍塌、冒顶片帮、透水、放炮、瓦斯爆炸、火药爆炸、锅炉爆炸、容器爆炸、其他爆炸、中毒和窒息及其他伤害等。

8. 事故隐患

事故隐患是指生产系统中可导致事故发生的人的不安全行为、物的不安全状态和管理上的缺陷。我国将事故隐患归纳为 21 类，即火灾、爆炸、中毒和窒息、水害、坍塌、滑坡、泄漏、腐蚀、触电、坠落、机械伤害、煤与瓦斯突出、公路设施伤害、公路车辆伤害、铁路设施伤害、铁路车辆伤害、水上运输伤害、港口码头伤害、空中运输伤害、航空港伤害及其他类隐患。

9. 危险

危险是指系统中存在导致发生不期望后果的可能性超过了人们的承受程度。危险度是事故发生的可能性与严重性的二元函数，是两者的结合。从危险的概念可以看出，危险是人们对事物的具体认识，必须指明具体对象。如危险环境、危险条件、危险状态、危险物质、危险场所、危险人员、危险因素等。

10. 危险源

危险源是指可能造成人员伤害、疾病、财产损失、作业环境破坏或其他损失的根源或状态。

11. 重大危险源

重大危险源是指长期地或者临时地生产、搬运、使用或者储存危险物品，且危险物品的数量等于或者超过临界量的单元（包括场所和设施）。危险物品包括易燃易爆物品、危险化学品、放射性物品等能够危及人身安全和财产安全的物品。

二、我国的安全生产管理制度

1. 我国安全生产工作现状

（1）安全生产事故情况。近几年来，我国平均每年因各类事故死亡人数都在10万人左右，发生各类事故100多万起。安全生产事故的总体现状是：工矿企业事故发生总数虽然有下降趋势，但事故发生起数多，事故伤亡人数多，事故发生率远高于美国、英国、日本等工业化国家，重大事故和特别重大事故多发和死亡人数多是我国安全生产事故的一大特点。

（2）安全生产法律体系建设情况。改革开放以来，我国相继制定并颁布了近20部有关安全生产方面的法律和行政法规，如《矿山安全法》《煤炭法》《公路法》和《消防法》等。这些法律和行政法规对依法加强安全生产管理工作发挥了重要作用，促进了安全生产法制建设。2002年，为全面、完整地反映国家关于加强安全生产监督管理的基本方针、基本原则，确定对各行业、各部门和各类企业普遍适用的安全生产基本管理制度，并对安全生产管理中普遍存在的共性的、基本的法律问题作出统一规范，全国人大颁布实施了《中华人民共和国安全生产法》（以下简称《安全生产法》）。以《安全生产法》为核心，包括法律、行政法规、部门规章和地方性安全生产法规和规章，我国安全生产法律体系正在逐步建立并完善。2004年，国务院出台了《关于进一步加强安全生产工作的决定》和《安全生产许可证条例》，这是党和政府加强安全生产工作的又一重大举措，有力地推动了全国的安全生产工作。

（3）安全生产监督管理情况。近年来，国家、省（自治区、直辖市）、地（市）、县（区）级安全生产监督管理机构相继建立，安全监管体系日趋健全。国家还加大了对一些高风险行业的安全生产监察力度。但整体上还存在薄弱环节，如安全生产监察执法人数少、监督机构不够健全、监督执法人员素质低等。

（4）安全生产技术情况。随着我国经济实力的增强，国家已经规定淘汰了两批落后设备。企业按照产品升级换代的需要，也逐渐淘汰了一些落后的工艺和设备，自主开发和引进了一些先进的安全检测、监测仪器设备。国家整体安全生产技术水平在逐年提高。但是，总体安全技术水平仍然比较低，特别是安全监测技术设备、应急救援技术装备远远落后于一些工业化国家。

（5）安全生产管理情况。2003年，按照《安全生产法》及其他安全生产法律法规的要求，大型建设项目、高风险建设项目和高风险企业开展了安全预评价和安全现状综合评价，使其整体安全生产管理水平有了很大提高。但应该看到，我国大部分企业的安全生产管理水平还很低。

2. 我国安全生产管理方针及其含义

《安全生产法》在总结安全生产管理经验的基础上，将“安全第一，预防为主，综合治理”规定为我国安全生产工作的基本方针。十六届五中全会通过的《关于制定国民经济和社会发展第十一个五年计划的建议》中，提出了“坚持节约发展，清洁发展，安全发展，实现可持续发展”的方针，把“安全发展”作为一个重要理念纳入我国社会主义现代化建设的总体战略。具体来说，我国安全生产管理方针的含义如下：

(1) 安全发展。安全发展包含三层含义：一是“以人为本”必须要以人的生命为本，认识到人的生命是最重要的，发展不能以牺牲人的生命为代价；二是构建社会主义和谐社会必须解决安全生产问题；三是经济社会发展必须以安全为基础、前提和保证。

(2) 安全第一。安全第一就是在生产经营过程中，在处理生产和安全这两个方面的问题时，要始终把安全放在首要位置，坚持最优先考虑人的生命安全。

(3) 预防为主。预防为主就是按照系统工程理论，根据事故发展的特点和规律，预防事故的发生，做到防患于未然，将事故消灭在萌芽状态。

(4) 综合治理。综合治理就是要标本兼治，重在治本，采取各种管理手段预防事故发生，实现治标的同时，研究治本的方法，综合运用科技手段、法律手段、经济手段和行政手段，从各个方面着手解决影响安全生产的深层次问题，做到思想上、制度上、技术上、监督检查上、事故处理上和应急救援上的综合管理。

三、安全生产管理的要素

安全生产管理体系主要由源头控制、过程管理、应急救援和事故处理四个方面构成。而每个方面都离不开安全文化、安全法制、安全责任、安全科技和安全投入这五个安全生产关键要素，企业日常安全管理工作也是紧紧围绕这五大要素进行的。这五个要素既相对独立，又相辅相成，互为条件。

1. 安全文化

安全文化在安全生产管理中起到灵魂和统帅的作用，是安全生产工作的精神指向，其他各个要素都要在安全文化的指导下展开。安全文化最基本的内涵是职工的安全生产意识。只有加强安全生产宣传教育培训，逐步提高职工的安全意识，把安全工作始终抓在手上，放在心中，做到警钟长鸣，居安思危，言危思进，常抓不懈，在其他要素健全和成熟的前提下，才能牢固树立不伤害自己、不伤害他人、不被他人伤害的安全理念，培育出深入人心的“以人为本”的安全文化。

2. 安全法制

安全法制就是安全规章制度的建立和执行，是保障安全生产最有力的武器，是开展其他工作的保证和约束，也是安全生产管理规范化、制度化的必要条件。只有建立健全科学完善的制度、规程、标准，并严格做到有章可循、有章必循、违章必究，才能体现安全生产管理的严肃性和权威性。

3. 安全责任

安全责任就是安全责任心和责任制。安全责任心是每个职工对自己、对家庭、对单位所要确认的一种良心，一种道德要求。特别是对专职安全管理干部来说，更为重要。安全责任制实质上就是安全生产人人有责，是落实安全法制的手段，是安全法律法规的具体化。落实安全责任制，不仅要强化行政责任问责制度，更要执行安全生产行政责任追究制度，做到谁违章谁负责，谁渎职谁负责。

4. 安全科技

安全科技就是要科技兴安，是实现安全生产的重要手段和措施，是安全生产的最基本出路，其决定着安全生产的保障和事故预防能力。安全生产管理需要科技的支撑，只有充分依靠科学技术的手段，生产过程的安全才会有根本的保障，才能实现真正意义上的本质安全。

5. 安全投入

安全投入是指要保证安全生产必需的经费。它是对其他要素的物质支持。安全也是生产力，安全生产的实现要靠投入的保障作为基础，提高安全生产的能力，需要为安全付出成本。安全的成本既是代价，更是效益。

第二节　安全生产责任制的主要内容

一、建立安全生产责任制的要求

建立一个完善的安全生产责任制的总要求是：横向到边、纵向到底，并由企业的主要负责人组织建立。建立的安全生产责任制具体应满足如下要求：

（1）符合国家安全生产法律法规和政策、方针的要求。

（2）与企业的管理体制协调一致。

（3）根据本单位、部门、班组、岗位的实际情况制定，既明确具体，又具有可操作性，防止形式主义。

（4）有专门的人员与机构制定和落实，并应适时修订。

（5）有配套的监督、检查等制度，以保证安全生产责任制得到真正落实。

二、安全生产责任制的主要内容

企业安全生产责任制的主要内容包括：厂长、经理是法人代表，是企业安全生产的第一责任人，对企业的安全生产负全面责任；企业的各级领导和生产管理人员，在管理生产的同时，必须负责管理安全工作，在计划、布置、检查、总结、评比生产的时候，必须同时计划、布置、检查、总结、评比安全生产工作；有关的职能机构和人员，必须在自己的业务工作范围内，对实现安全生产负责；职工必须遵守安全生产法规和制度，不违章作业，并有权拒绝违章指挥，险情严重时有权停止作业，采取紧急防范措施。

安全生产责任制的内容主要包括以下两个方面：一是纵向方面，即从上到下所有类型人员的安全生产职责。在建立责任制时，可首先将本单位从主要负责人一直到岗位工人分成相应的层级，然后结合本单位的实际工作，对不同层级的人员在安全生产中应承担的职责作出规定；二是横向方面，即各职能部门（包括党、政、工、团）的安全生产职责。在建立责任制时，可按照本单位职能部门的设置（如安全、设备、计划、技术、生产、基建、人事、财务、设计、档案、培训、党办、宣传、工会、团委等），分别对其在安全生产中应承担的职责作出规定。

企业在建立安全生产责任制时，在纵向方面至少应包括下列几类人员：

1. 主要负责人

主要负责人是本单位安全生产的第一责任者，对安全生产工作全面负责。《安全生产法》第十七条将主要负责人的安全生产职责定为：

（1）建立、健全本单位安全生产责任制。

（2）组织制定本单位安全生产规章制度和操作规程。

（3）保证本单位安全生产投入的有效实施。

（4）督促、检查本单位的安全生产工作，及时消除生产安全事故隐患。

（5）组织制定并实施本单位的生产安全事故应急救援预案。

（6）及时、如实报告生产安全事故。

企业可根据上述 6 个方面内容，并结合本单位的实际情况对主要负责人的职责作出具体规定。

2. 其他负责人

其他负责人的职责是协助主要负责人搞好安全生产工作。不同的负责人分管的工作不同，应根据其具体分管工作，对其在安全生产方面应承担的具体职责作出规定。

3. 职能部门负责人及其工作人员

职能部门负责人的职责是按照本部门的安全生产职责，组织有关人员做好本部门安全生产责任制的落实，并对本部门职责范围内的安全生产工作负责；职能部门的工作人员则是在职责范围内做好有关安全生产工作，并对自己职责范围内的安全生产工作负责。

4. 班组长

班组长全面负责本班组的安全生产，是安全生产法律、法规和规章制度的直接执行者。班组长的主要职责是贯彻执行本单位对安全生产的规定和要求，督促本班组的工人遵守有关安全生产规章制度和安全操作规程，切实做到不违章指挥，不违章作业，遵守劳动纪律。

5. 岗位工人

岗位工人对本岗位的安全生产负直接责任。岗位工人要接受安全生产教育和培训，遵守有关安全生产规章和安全操作规程，不违章作业，遵守劳动纪律。特种作业人员必须接受专门的培训，经考试合格后取得操作资格证书，方可上岗作业。

三、安全生产责任制度举例

每个企业应当根据本单位的实际情况，如行业特点、生产方式、作业类型、危险源分布、机构设置以及从业人员特点等，制定适合本单位的安全生产责任制度。以下为某公司的安全生产责任制度。

某公司安全生产责任制度

1　总则

1.1　为贯彻国家关于“安全第一，预防为主，综合治理”的安全生产方针，保障员工在生产劳动过程中的安全和健康，特制定本制度。

1.2 ×××有限责任公司各部门均应按本制度制定各级安全生产责任制，组织实施，并由安全生产管理部监督执行。

1.3 公司及公司各级负责人，都要坚持“安全第一，预防为主，综合治理”的方针，严格执行安全生产责任制，抓好安全生产工作。任何单位和个人都有权拒绝执行违反安全规程的生产指令，并有权向上一级安全生产管理部门报告。

1.4 本制度根据《劳动法》《安全生产法》等法律法规制定。

2 公司级领导安全生产职责

2.1 总经理安全生产职责

2.1.1 贯彻落实国家和上级部门制定的安全生产方针、政策、法规制度，对本公司的职业安全卫生负全面责任。

2.1.2 必须坚持安全生产管理“五同时”，即在计划、布置、检查、总结、评比时，同时布置安全工作。

2.1.3 组织制定本公司安全生产目标，审定本公司安全规划和计划，对重大问题作出决策。督促检查各级领导、各职能部门、各生产部门的安全生产工作落实情况和安全生产责任制执行情况。定期召开安全生产委员会，研究安全生产工作，针对存在的问题，制定解决办法。

2.1.4 负责设置安全生产管理机构，配备安全技术管理人员。

2.1.5 组织好综合安全生产检查及专项安全生产检查，并对查出的事故隐患采取措施及时消除。

2.1.6 接到安全生产监督监察部门发出的安全隐患整改指令后，组织有关部门在限期内解决。

2.1.7 对于新建、改建、扩建、引进和技术改造的工程项目，必须做到劳动保护设施与主体工程同时设计、同时施工、同时投产使用。

2.1.8 贯彻执行国家和公司有关规定，确保职业安全卫生技术措施计划经费、安全教育和安全奖励经费的落实，并合理使用。

2.2 党委书记安全生产职责

2.2.1 认真贯彻执行“安全第一，预防为主，综合治理”的方针以及安全政策、法规。把安全生产列为重要议事日程，研究分析员工安全生产思想动态，抓好安全生产宣传教育工作，对完成企业安全目标负有保证和监督的职责。

2.2.2 把安全生产纳入先进党支部、优秀党员竞赛活动，凡发生重伤以上人身事故的支部不能被评为先进党支部，并把安全生产工作的好坏作为考核各级党员干部的一项条件。

2.3 公司主管安全生产的副总经理安全生产职责

2.3.1 协助总经理具体负责安全生产工作。

2.3.2 直接领导安全生产管理部门工作，组织制定安全生产规划、计划和技术措施。组织制定安全生产规章制度，并督促贯彻落实。

2.3.3 坚持“安全第一，预防为主，综合治理”的方针，定期研究安全生产工作，针对存在的问题，制定解决办法。在计划、布置、检查、总结、评比工作时要有安全内容。

2.3.4 定期组织召开公司安全生产委员会全体会议，研究制定公司安全生产管理目标、决策、重大措施等，及时消除重大隐患，提高本质安全程度。

2.3.5 组织特种人员进行安全技术教育，并进行安全培训和考核。

2.3.6 及时组织月、季度和节假日前安全大检查及专业性安全生产检查，对查出的安全隐患要采取措施，及时消除，确保安全生产。

2.3.7 在审查新建、改建、扩建、技术改造、引进等重要经济技术项目时，同时审查相应的职业安全卫生措施，并督促检查技术安全部门参与此项工作。

2.3.8 督促检查各级领导、各职能部门安全生产责任制落实情况。

2.3.9 积极组织推行现代化安全生产管理方法和应用，组织安全生产竞赛和先进经验交流，表彰先进工作者。

2.3.10 主持事故调查，分析和制定防范措施，对造成重大伤亡事故的责任人提出处理意见。

2.3.11 监督检查行政安全管理工作和对员工劳动条件的改善。

2.3.12 组织贯彻实施《劳动法》《安全生产法》《工会劳动保护监督检查条例》等法律法规。

2.3.13 组织开展劳动竞赛，对员工进行教育时，应将安全生产列为重要内容之一。

2.3.14 参加“三同时”审查和重伤以上人身事故的调查处理。

2.3.15 监督检查公司在开展经济承包活动中，承包合同是否有安全内容。

2.4 工会主席安全生产职责

2.4.1 监督检查行政安全管理工作和对员工劳动条件的改善。

2.4.2 组织贯彻实施《劳动法》《安全生产法》《工会法》《工会劳动保护监督检查条例》等法律法规。

2.4.3 组织开展劳动竞赛，对员工进行教育时，应将安全生产列为重要内容之一。

2.4.4 参加“三同时”审查和重伤以上人身事故的调查处理。

2.4.5 监督有关部门是否按规定及时提取劳动保护措施经费和安全教育活动经费，并做到专款专用。

2.4.6 监督检查公司在开展经济承包活动中，承包合同是否有安全内容。

2.5 公司其他领导安全生产职责

2.5.1 认真贯彻安全工作“谁主管，谁负责”的原则，在总经理的领导下，对分管业务部门的安全工作负主要领导责任。

2.5.2 对本人负责的重点安全（防火）部位要按时进行检查。

2.5.3 在各自主管的范围内，认真搞好安全生产工作，督促分管的职能部门落实安全生产职责，在计划、布置、检查、总结、评比工作时，应有安全内容。

2.5.4 在审批公司年度各项计划时，要同时审批安全技术措施计划、安全生产教育培训计划，并监督执行。

2.5.5 在审查公司新建、改建、扩建和技术改造工程项目时，要同时审查职业安全卫生措施。

2.5.6 在组织和指导事故调查时，坚持按“四不放过”（即事故原因不清楚不放过、未采取事故防范措施不放过、员工未受到教育不放过、责任人未受到处理不放过）的原则，对事故进行调查、分析、处理。

2.5.7 组织分管业务部门的安全教育。

3 法定代表人安全生产承诺职责

3.1 总经理是本公司安全生产第一责任人，对本公司的安全生产工作全面负责。

3.2 总经理依据国家和地方有关安全生产的法律、法规、制度、规章及相关标准等要求，代表本公司签订或发布安全生产管理工作承诺或责任书。

3.3 按照承诺的内容和要求，积极组织落实本公司安全生产的工作主体责任。建立健全安全责任制和各项规章制度，并严格执行。按规定建立安全生产管理机构和配备安全管理人员。自觉接受政府及安监部门的监督管理，切实把安全工作责任落实到部门和责任人。

3.4 保证本公司安全生产投入的有效实施。按规定配备各类安全生产、劳动防护用品和消防设备等；作业场所的安全标志齐全，并符合要求；安全通道畅通；作业环境、劳动条件、职业防护和消防用品用具满足安全生产要求，并教育员工按规定佩戴使用。为员工办理工伤保险，为作业人员交纳保险费用。

3.5　定期组织员工开展安全知识、消防知识等方面的教育培训，提高员工的安全意识和安全业务技能，使从业人员能够果断、正确地处置本岗位各种突发事件。

3.6　督促、检查本公司安全生产管理部门的安全生产工作，消除安全事故隐患，对重大危险源和易发事故的重点部位实施有效监测、监控，落实重点部位、重点岗位应急措施，建立定期巡回检查制度，制定安全事故应急救援预案，并定期组织演练。

3.7　及时如实报告生产安全事故。如果公司发生重大或造成较大社会影响的安全事故，立即停业整顿。因未依法履行主体责任，或因安全投入不到位等原因导致安全事故的，按规定接受相应的经济处罚，触犯法律的，承担相应的法律责任。

4　各单位（分公司）第一责任人的安全生产职责

4.1　认真贯彻执行上级有关安全生产方针、政策、法规及公司有关安全生产管理的各项规章制度。对本单位员工的职业安全卫生负全面责任。

4.2　在计划、布置、检查、总结、评比生产工作时，必须同时把安全工作贯彻到每个具体环节中去，做到安全生产经常化、具体化、制度化、标准化。组织好工人班前、班中的岗位安全生产检查，每月至少组织一次全面性的安全生产检查，针对存在的问题，及时采取措施，在保证安全的前提下进行生产。

4.3　组织员工的安全教育和专业安全知识培训，严格执行持证上岗制度。

4.4　对临时性危险作业应组织制定安全防护措施，并经主管部门审批，指定专人负责现场指挥。

4.5　组织编制职业安全卫生技术措施计划，负责组织实施。

4.6　熟悉并严格执行上级及本单位事故管理规定。

4.7 做好女性员工特殊劳动保护工作。

4.8 按规定发放个人劳动防护用品，教育员工正确使用。

4.9 编制生产作业计划时，应提出安全生产要求；召开生产调度会，应有安全生产内容。

4.10 组织好均衡生产和文明生产，严格控制加班加点，注意搞好劳逸结合。

5 各职能部门安全生产责任

5.1 综合管理部安全生产责任

5.1.1 负责做好公司领导在各种会议上布置的有关安全生产、环境保护、工业卫生的内容记录，并贯彻落实。

5.1.2 负责协助公司领导处理和督促检查有关安全生产、环境保护、工业卫生工作。

5.1.3 及时宣传和贯彻有关安全生产、环境保护、工业卫生方面的文件精神。

5.1.4 做好对所属车辆的安全管理工作。对车辆精心保养，对驾驶员加强安全教育，确保运输安全。

5.1.5 贯彻执行《消防法》和相关法律法规以及地方政府、上级主管部门的消防法规，做好消防工作。

5.1.6 制订年度消防管理工作计划，并负责实施。

5.1.7 制定消防安全管理制度，并对执行情况进行监督检查。

5.1.8 经常对员工进行消防安全教育，制定本公司消防预案，并组织消防演练。组织专兼职消防人员的培训。

5.1.9 负责配备消防器材，组织消防安全生产检查，监督整改消防隐患。

5.1.10 参加新建、改建、扩建等工程项目的设计审查和竣工验收。

5.1.11 负责火灾事故的调查、处理。

5.1.12 负责组织开展本公司消防竞赛、评比活动。

5.2 经营管理部安全生产责任

5.2.1 经营管理部在编制本公司长远规划、年度综合计划时，应有安全生产内容，并负责组织实施。

5.2.2 在组织实施新建、改建、扩建和技术改造项目时，应按“三同时”规定办理。

5.2.3 负责机械、电气、起重、锅炉、压力容器和化工设备等的安全管理，保证安全附件齐全、灵敏、有效。按照安全技术规范定期进行检查和检验，使全部设备保持完好状态。

5.2.4 新设备（包括自制设备）投入使用前应组织鉴定验收，确保其符合安全技术要求。

5.2.5 负责编制设备的安全操作规程，组织或参与有关事故调查分析，并提出防范措施。

5.3 安全生产管理部安全生产责任

5.3.1 宣传、执行国家和公司有关安全生产、职业安全卫生法规和规程，监督检查本公司各部门的执行情况。

5.3.2 推行现代安全管理，组织开展安全性评价及职业安全卫生管理体系的认证工作，编制安全技术措施计划，监督检查安全技术措施项目的实施。

5.3.3 制订安全生产工作计划，同时编制职业安全卫生计划，并负责贯彻实施。

5.3.4 组织安全生产监督检查，对有严重事故隐患的单位下达事故隐患限期整改通知书，并及时报告领导。

5.3.5 组织有关部门制定安全生产管理规章制度，负责审查安全操作规程、工艺规程。

5.3.6 加强安全技术业务基础建设，收集、整理安全生产资料，研究分析员工伤亡事故的发生发展规律，提出防范措施。

5.3.7 组织或参加伤亡事故的调查，按照“四不放过”的原则，对事故进行分析处理。同时做好事故档案管理工作。

5.3.8　参加新建、改建、扩建、技术改造等工程项目的设计审查和竣工验收。

5.3.9　监督有关部门做好女性员工特殊保护工作。

5.3.10　协同工会组织开展企业安全生产竞赛、评比、奖惩工作。

5.3.11　组织开展安全技术科学研究，总结推广安全科研成果和安全生产先进经验。

5.4　人事组织部安全生产责任

5.4.1　组织新员工三级安全教育和员工的安全技术培训，开展安全生产经常性教育，组织特种作业人员进行技术培训、考核、发证。

5.4.2　会同安全生产管理部门对新员工进行三级安全教育，考试合格后方可安排上岗。

5.4.3　应把职业安全卫生教育培训列入员工技术教育计划之中。

5.4.4　按照公司安全生产管理部门的意见和上级有关规定，对发生事故的单位或事故责任人，进行经济处罚或降职等职务处理；对安全生产工作成绩突出的单位和个人进行奖励。

5.4.5　在考核、选拔、任用管理者时，应考察其安全管理能力和业绩。在安全工作上严重失职的，不应任用和提拔。

5.4.6　开展多种形式的有关安全生产的党、团活动。

5.5　财务监审部安全生产责任

5.5.1　按照公司的年度综合计划，保证安全技术措施和劳动保护费用，并单立科目，监督专款专用。

5.5.2　按照财务有关规定和公司规定，保证安全教育经费、安全奖励经费的提取和使用。

5.6　劳动服务总公司安全生产责任

5.6.1　贯彻执行国家和公司有关建筑施工安全法规、规程和制度。

5.6.2　新建、改建、扩建工程项目的设计，必须符合国家颁发的有关“三同时”的职业安全卫生要求。

5.6.3　自行组织施工的工程，施工前应按照施工程序编制安全技术措施，提出施工安全要求，并检查督促落实。外包施工的，承包单位必须有施工资格，在承包合同中要写明施工过程中承包单位应承担的安全责任。

5.6.4　负责对生产性厂房建筑设施的安全管理，定期组织检查与维修，及时消除隐患。

5.7　工会安全生产责任

5.7.1　向员工宣传职业安全卫生方针、政策、法规和公司的职业安全卫生规章制度，对员工进行遵章守纪和自我保护知识教育。

5.7.2　对公司的职业安全卫生工作进行监督检查。监督检查的主要内容包括：职业安全卫生措施的落实情况，新建、改建、扩建工程项目中安全卫生措施与主体工程“三同时”要求的执行情况，安全生产责任制的落实、考核情况，重大事故隐患的整改情况，以及劳动防护用品的发放等。

5.7.3　做好女性员工的特殊保护工作。

5.7.4　参加员工伤亡事故和职业危害的调查、处理。

5.7.5　把安全生产工作情况列入年度评比竞赛内容。

5.7.6　在组织文体活动时，要通报公司安全生产管理部门。同时，制定安全措施，落实安全责任，对参与人员讲解安全注意事项，避免意外和事故的发生。

5.8　技术研发部门安全生产责任

5.8.1　采用新工艺、新技术、新设备、新材料设计的新产品，必须符合有关安全技术规定的要求，在试验、试制、投产前，应编制安全措施方案及安全操作规程，并组织安全评审。

5.8.2　承担安全技术和尘毒治理等方面的科研课题研究和项目

设计。

5.8.3　参加事故的调查和分析，并提出技术防范措施。

6　技安员、班组长、员工安全生产职责

6.1　技安员（专、兼职）安全生产职责

6.1.1　在企业安全生产领导小组领导下，具体负责本企业的日常安全生产管理工作。

6.1.2　协助领导编制本公司安全技术措施计划、安全规章制度，并监督检查贯彻。

6.1.3　定期进行本公司的安全生产检查，及时发现各类事故隐患和危险因素，并提出整改措施。对作业现场出现严重危及员工生命和国家财产安全的现象，有权责令停止作业，并提出处理意见。

6.1.4　按公司有关规定对本公司安全生产进行考核，对违章指挥、违章作业者提出处罚意见。

6.1.5　负责组织本公司的特种安全教育工作，参加伤亡事故的调查处理工作，并监督检查“五同时”和“四不放过”的执行情况。按规定填报各种安全报表，认真做好各类安全生产记录，及时报送安全信息。

6.2　调度员、班组长（工段长）安全生产职责

6.2.1　贯彻执行安全生产方针、政策、法规及公司的规章制度，对本车间、本班组（工段）的安全负责。

6.2.2　坚持“管生产，必须管安全”的原则，督促检查车间、班组（工段）成员执行安全操作规程情况，及时消除不安全因素。

6.2.3　经常检查本车间、本班组设备安全装置是否齐全、完好。督促检查员工正确使用。

6.2.4　对发现的劳动防护用品不安全情况和不安全因素要认真整改。

6.2.5　认真坚持“五同时”，定期分析本车间、本班组（工段）的安全生产状况，研究不安全因素的对策措施，搞好安全生产的各

项基础管理工作，建立安全台账，使车间、班组（工段）的安全生产管理工作做到规范化、标准化。

6.2.6 发生伤亡事故，应及时抢救伤员，保护现场，并立即报告公司领导，按“四不放过”的原则协助领导查处。

6.3 员工安全生产职责

6.3.1 努力学习安全技术知识，自觉遵守安全生产规章制度。

6.3.2 认真执行岗位责任制和安全技术操作规程。

6.3.3 爱护并正确使用生产设备、防护设施和防护用品。

6.3.4 有权拒绝违章指挥、制止他人违章作业，发现危急征兆主动采取措施，当无力无法抗拒时，撤离现场并报告领导。

6.3.5 积极参加安全生产活动，提合理化建议。

7 罚则

7.1 凡未履行安全生产责任制的不能评为先进部门。

7.2 对违反安全生产责任制的有关条款以致造成重大责任事故的，由有关部门追究责任人的责任。构成犯罪的，应移交司法机关，依法追究责任人的刑事责任。

8 附则

8.1 本规定由公司安全生产管理部负责解释。

8.2 本规定自印发之日起执行。

第三节 安全生产责任制相关法律法规规定

一、《安全生产法》相关规定

第三条 安全生产管理，坚持安全第一、预防为主、综合治理的方针。

第四条 生产经营单位必须遵守本法和其他有关安全生产的法律、法规，加强安全生产管理，建立、健全安全生产责任制度，完善安全生产条件，确保安全生产。

第五条 生产经营单位的主要负责人对本单位的安全生产工作全面负责。

第六条 生产经营单位的从业人员有依法获得安全生产保障的权利，并应当依法履行安全生产方面的义务。

第七条 工会依法组织职工参加本单位安全生产工作的民主管理和民主监督，维护职工在安全生产方面的合法权益。

第十三条 国家实行生产安全事故责任追究制度，依照本法和有关法律、法规的规定，追究生产安全事故责任人员的法律责任。

第十九条 矿山、建筑施工单位和危险物品的生产、经营、储存单位，应当设置安全生产管理机构或者配备专职安全生产管理人员。

前款规定以外的其他生产经营单位，从业人员超过三百人的，应当设置安全生产管理机构或者配备专职安全生产管理人员；从业人员在三百人以下的，应当配备专职或者兼职的安全生产管理人员，或者委托具有国家规定的相关专业技术资格的工程技术人员提供安全生产管理服务。

生产经营单位依照前款规定委托工程技术人员提供安全生产管理服务的，保证安全生产的责任仍由本单位负责。

第二十一条 生产经营单位应当对从业人员进行安全生产教育和培训，保证从业人员具备必要的安全生产知识，熟悉有关的安全生产规章制度和安全操作规程，掌握本岗位的安全操作技能。未经安全生产教育和培训合格的从业人员，不得上岗作业。

第二十二条 生产经营单位采用新工艺、新技术、新材料或者使用新设备，必须了解、掌握其安全技术特性，采取有效的安全防护措施，并对从业人员进行专门的安全生产教育和培训。

第二十三条 生产经营单位的特种作业人员必须按照国家有关规定经专门的安全作业培训，取得特种作业操作资格证书，方可上岗作业。

第三十三条　生产经营单位对重大危险源应当登记建档，进行定期检测、评估、监控，并制定应急预案，告知从业人员和相关人员在紧急情况下应当采取的应急措施。

第三十四条　生产、经营、储存、使用危险物品的车间、商店、仓库不得与员工宿舍在同一座建筑物内，并应当与员工宿舍保持安全距离。

生产经营场所和员工宿舍应当设有符合紧急疏散要求、标志明显、保持畅通的出口。禁止封闭、堵塞生产经营场所或者员工宿舍的出口。

第三十五条　生产经营单位进行爆破、吊装等危险作业，应当安排专门人员进行现场安全管理，确保操作规程的遵守和安全措施的落实。

第三十六条　生产经营单位应当教育和督促从业人员严格执行本单位的安全生产规章制度和安全操作规程；并向从业人员如实告知作业场所和工作岗位存在的危险因素、防范措施以及事故应急措施。

第三十七条　生产经营单位必须为从业人员提供符合国家标准或者行业标准的劳动防护用品，并监督、教育从业人员按照使用规则佩戴、使用。

第三十八条　生产经营单位的安全生产管理人员应当根据本单位的生产经营特点，对安全生产状况进行经常性检查；对检查中发现的安全问题，应当立即处理；不能处理的，应当及时报告本单位有关负责人。检查及处理情况应当记录在案。

第三十九条　生产经营单位应当安排用于配备劳动防护用品、进行安全生产培训的经费。

第四十三条　生产经营单位必须依法参加工伤社会保险，为从业人员缴纳保险费。

第四十四条　生产经营单位与从业人员订立的劳动合同，应当载明有关保障从业人员劳动安全、防止职业危害的事项，以及依法为从业人员办理工伤社会保险的事项。

生产经营单位不得以任何形式与从业人员订立协议，免除或者减轻其对从业人员因生产安全事故伤亡依法应承担的责任。

第四十五条　生产经营单位的从业人员有权了解其作业场所和工作岗位存在的危险因素、防范措施及事故应急措施，有权对本单位的安全生产工作提出建议。

第四十六条　从业人员有权对本单位安全生产工作中存在的问题提出批评、检举、控告；有权拒绝违章指挥和强令冒险作业。

生产经营单位不得因从业人员对本单位安全生产工作提出批评、检举、控告或者拒绝违章指挥、强令冒险作业而降低其工资、福利等待遇或者解除与其订立的劳动合同。

第四十七条　从业人员发现直接危及人身安全的紧急情况时，有权停止作业或者在采取可能的应急措施后撤离作业场所。

生产经营单位不得因从业人员在前款紧急情况下停止作业或者采取紧急撤离措施而降低其工资、福利等待遇或者解除与其订立的劳动合同。

第四十八条　因生产安全事故受到损害的从业人员，除依法享有工伤社会保险外，依照有关民事法律尚有获得赔偿的权利的，有权向本单位提出赔偿要求。

第四十九条　从业人员在作业过程中，应当严格遵守本单位的安全生产规章制度和操作规程，服从管理，正确佩戴和使用劳动防护用品。

第五十条　从业人员应当接受安全生产教育和培训，掌握本职工作所需的安全生产知识，提高安全生产技能，增强事故预防和应急处理能力。

第五十一条　从业人员发现事故隐患或者其他不安全因素，应当立即向现场安全生产管理人员或者本单位负责人报告；接到报告的人员应当及时予以处理。

第五十二条 工会有权对建设项目的安全设施与主体工程同时设计、同时施工、同时投入生产和使用进行监督，提出意见。

工会对生产经营单位违反安全生产法律、法规，侵犯从业人员合法权益的行为，有权要求纠正；发现生产经营单位违章指挥、强令冒险作业或者发现事故隐患时，有权提出解决的建议，生产经营单位应当及时研究答复；发现危及从业人员生命安全的情况时，有权向生产经营单位建议组织从业人员撤离危险场所，生产经营单位必须立即作出处理。

工会有权依法参加事故调查，向有关部门提出处理意见，并要求追究有关人员的责任。

第六十四条 任何单位或者个人对事故隐患或者安全生产违法行为，均有权向负有安全生产监督管理职责的部门报告或者举报。

第六十六条 县级以上各级人民政府及其有关部门对报告重大事故隐患或者举报安全生产违法行为的有功人员，给予奖励。具体奖励办法由国务院负责安全生产监督管理的部门会同国务院财政部门制定。

第七十条 生产经营单位发生生产安全事故后，事故现场有关人员应当立即报告本单位负责人。

第七十二条 有关地方人民政府和负有安全生产监督管理职责的部门的负责人接到重大生产安全事故报告后，应当立即赶到事故现场，组织事故抢救。

任何单位和个人都应当支持、配合事故抢救，并提供一切便利条件。

第七十五条 任何单位和个人不得阻挠和干涉对事故的依法调查处理。

第九十五条 生产经营单位发生生产安全事故造成人员伤亡、

他人财产损失的，应当依法承担赔偿责任；拒不承担或者其负责人逃匿的，由人民法院依法强制执行。

生产安全事故的责任人未依法承担赔偿责任，经人民法院依法采取执行措施后，仍不能对受害人给予足额赔偿的，应当继续履行赔偿义务；受害人发现责任人有其他财产的，可以随时请求人民法院执行。

二、《劳动法》相关规定

第三条 劳动者享有平等就业和选择职业的权利、取得劳动报酬的权利、休息休假的权利、获得劳动安全卫生保护的权利、接受职业技能培训的权利、享受社会保险和福利的权利、提请劳动争议处理的权利以及法律规定的其他劳动权利。劳动者应当完成劳动任务，提高职业技能，执行劳动安全卫生规程，遵守劳动纪律和职业道德。

第七条 劳动者有权依法参加和组织工会。工会代表和维护劳动者的合法权益，依法独立自主地开展活动。

第八条 劳动者依照法律规定，通过职工大会、职工代表大会或者其他形式，参与民主管理或者就保护劳动者合法权益与用人单位进行平等协商。

第五十二条 用人单位必须建立、健全劳动安全卫生制度，严格执行国家劳动安全卫生规程和标准，对劳动者进行劳动安全卫生教育，防止劳动过程中的事故，减少职业危害。

第五十三条 劳动安全卫生设施必须符合国家规定的标准。

新建、改建、扩建工程的劳动安全卫生设施必须与主体工程同时设计、同时施工、同时投入生产和使用。

第五十四条 用人单位必须为劳动者提供符合国家规定的劳动安全卫生条件和必要的劳动防护用品，对从事有职业危害作业的劳动者应当定期进行健康检查。

第五十五条　从事特种作业的劳动者必须经过专门培训并取得特种作业资格。

第五十六条　劳动者在劳动过程中必须严格遵守安全操作规程。劳动者对用人单位管理人员违章指挥、强令冒险作业，有权拒绝执行；对危害生命安全和身体健康的行为，有权提出批评、检举和控告。

第五十八条　国家对女职工和未成年工实行特殊劳动保护。

未成年工是指年满十六周岁未满十八周岁的劳动者。

第五十九条　禁止安排女职工从事矿山井下、国家规定的第四级体力劳动强度的劳动和其他禁忌从事的劳动。

第六十条　不得安排女职工在经期从事高处、低温、冷水作业和国家规定的第三级体力劳动强度的劳动。

第六十一条　不得安排女职工在怀孕期间从事国家规定的第三级体力劳动强度的劳动和孕期禁忌从事的劳动。对怀孕七个月以上的女职工，不得安排其延长工作时间和夜班劳动。

第六十二条　女职工生育享受不少于九十天的产假。

第六十三条　不得安排女职工在哺乳未满一周岁的婴儿期间从事国家规定的第三级体力劳动强度的劳动和哺乳期禁忌从事的其他劳动，不得安排其延长工作时间和夜班劳动。

第六十四条　不得安排未成年工从事矿山井下、有毒有害、国家规定的第四级体力劳动强度的劳动和其他禁忌从事的劳动。

第六十五条　用人单位应当对未成年工定期进行健康检查。

第六十八条　用人单位应当建立职业培训制度，按照国家规定提取和使用职业培训经费，根据本单位实际，有计划地对劳动者进行职业培训。从事技术工种的劳动者，上岗前必须经过培训。

第六十九条　国家确定职业分类，对规定的职业制定职业技能标准，实行职业资格证书制度，由经过政府批准的考核鉴定机构负责对劳动者实施职业技能考核鉴定。

三、《工会法》相关规定

第十九条　企业、事业单位违反职工代表大会制度和其他民主管理制度，工会有权要求纠正，保障职工依法行使民主管理的权利。

法律、法规规定应当提交职工大会或者职工代表大会审议、通过、决定的事项，企业、事业单位应当依法办理。

第二十条　工会帮助、指导职工与企业以及实行企业化管理的事业单位签订劳动合同。

工会代表职工与企业以及实行企业化管理的事业单位进行平等协商，签订集体合同。集体合同草案应当提交职工代表大会或者全体职工讨论通过。

工会签订集体合同，上级工会应当给予支持和帮助。

企业违反集体合同，侵犯职工劳动权益的，工会可以依法要求企业承担责任；因履行集体合同发生争议，经协商解决不成的，工会可以向劳动争议仲裁机构提请仲裁，仲裁机构不予受理或者对仲裁裁决不服的，可以向人民法院提起诉讼。

第二十一条　企业、事业单位处分职工，工会认为不适当的，有权提出意见。

企业单方面解除职工劳动合同时，应当事先将理由通知工会，工会认为企业违反法律、法规和有关合同，要求重新研究处理时，企业应当研究工会的意见，并将处理结果书面通知工会。

职工认为企业侵犯其劳动权益而申请劳动争议仲裁或者向人民法院提出诉讼的，工会应当给予支持和帮助。

第二十二条　企业、事业单位违反劳动法律、法规规定，有下列侵犯职工劳动权益情形，工会应当代表职工与企业、事业单位交涉，要求企业、事业单位采取措施予以改正；企业、事业单位应当予以研究处理，并向工会作出答复；企业、事业单位拒不改正的，工会可以请求当地人民政府依法作出处理：

（一）克扣职工工资的；

（二）不提供劳动安全卫生条件的；

（三）随意延长劳动时间的；

（四）侵犯女职工和未成年工特殊权益的；

（五）其他严重侵犯职工劳动权益的。

第二十三条　工会依照国家规定对新建、扩建企业和技术改造工程中的劳动条件和安全卫生设施与主体工程同时设计、同时施工、同时投产使用进行监督。对工会提出的意见，企业或者主管部门应当认真处理，并将处理结果书面通知工会。

第二十四条　工会发现企业违章指挥、强令工人冒险作业，或者生产过程中发现明显重大事故隐患和职业危险，有权提出解决的建议，企业应当及时研究答复；发现危及职工生命安全的情况时，工会有权向企业建议组织职工撤离危险现场，企业必须及时作出处理决定。

第二十五条　工会有权对企业、事业单位侵犯职工合法权益的问题进行调查，有关单位应当予以协助。

第二十六条　职工因工伤亡事故和其他严重危害职工健康问题的调查处理，必须有工会参加。工会应当向有关处理部门提出处理意见，并有权要求追究直接负责的主管人员和有关责任人员的责任。对工会提出的意见，应当及时研究，给予答复。

四、《职业病防治法》相关规定

第四条　劳动者依法享有职业卫生保护的权利。

用人单位应当为劳动者创造符合国家职业卫生标准和卫生要求的工作环境和条件，并采取措施保障劳动者获得职业卫生保护。

第五条　用人单位应当建立、健全职业病防治责任制，加强对职业病防治的管理，提高职业病防治水平，对本单位产生的职业病危害承担责任。

第六条　用人单位的主要负责人对本单位的职业病防治工作全面负责。

第七条　用人单位必须依法参加工伤保险。

国务院和县级以上地方人民政府劳动保障行政部门应当加强对工伤保险的监督管理，确保劳动者依法享受工伤保险待遇。

第十三条　任何单位和个人有权对违反本法的行为进行检举和控告。有关部门收到相关的检举和控告后，应当及时处理。

对防治职业病成绩显著的单位和个人，给予奖励。

第十五条　产生职业病危害的用人单位的设立除应当符合法律、行政法规规定的设立条件外，其工作场所还应当符合下列职业卫生要求：

（一）职业病危害因素的强度或者浓度符合国家职业卫生标准；

（二）有与职业病危害防护相适应的设施；

（三）生产布局合理，符合有害与无害作业分开的原则；

（四）有配套的更衣间、洗浴间、孕妇休息间等卫生设施；

（五）设备、工具、用具等设施符合保护劳动者生理、心理健康的要求；

（六）法律、行政法规和国务院卫生行政部门、安全生产监督管理部门关于保护劳动者健康的其他要求。

第二十三条　用人单位必须采用有效的职业病防护设施，并为劳动者提供个人使用的职业病防护用品。

用人单位为劳动者个人提供的职业病防护用品必须符合防治职业病的要求；不符合要求的，不得使用。

第二十四条　用人单位应当优先采用有利于防治职业病和保护劳动者健康的新技术、新工艺、新设备、新材料，逐步替代职业病危害严重的技术、工艺、设备、材料。

第二十六条　对可能发生急性职业损伤的有毒、有害工作场所，用人单位应当设置报警装置，配置现场急救用品、冲洗设备、应急撤离通道和必要的泄险区。

对放射工作场所和放射性同位素的运输、贮存，用人单位必须配置防护设备和报警装置，保证接触放射线的工作人员佩戴个人剂量计。

对职业病防护设备、应急救援设施和个人使用的职业病防护用品，用人单位应当进行经常性的维护、检修，定期检测其性能和效果，确保其处于正常状态，不得擅自拆除或者停止使用。

第三十四条　用人单位与劳动者订立劳动合同（含聘用合同，下同）时，应当将工作过程中可能产生的职业病危害及其后果、职业病防护措施和待遇等如实告知劳动者，并在劳动合同中写明，不得隐瞒或者欺骗。

劳动者在已订立劳动合同期间因工作岗位或者工作内容变更，从事与所订立劳动合同中未告知的存在职业病危害的作业时，用人单位应当依照前款规定，向劳动者履行如实告知的义务，并协商变更原劳动合同相关条款。

用人单位违反前两款规定的，劳动者有权拒绝从事存在职业病危害的作业，用人单位不得因此解除与劳动者所订立的劳动合同。

第三十五条　用人单位的主要负责人和职业卫生管理人员应当接受职业卫生培训，遵守职业病防治法律、法规，依法组织本单位的职业病防治工作。

用人单位应当对劳动者进行上岗前的职业卫生培训和在岗期间的定期职业卫生培训，普及职业卫生知识，督促劳动者遵守职业病防治法律、法规、规章和操作规程，指导劳动者正确使用职业病防护设备和个人使用的职业病防护用品。

劳动者应当学习和掌握相关的职业卫生知识，增强职业病防范意识，遵守职业病防治法律、法规、规章和操作规程，正确使用、维护职业病防护设备和个人使用的职业病防护用品，发现职业病危害事故隐患应当及时报告。

劳动者不履行前款规定义务的，用人单位应当对其进行教育。

第三十六条 对从事接触职业病危害的作业的劳动者，用人单位应当按照国务院安全生产监督管理部门、卫生行政部门的规定组织上岗前、在岗期间和离岗时的职业健康检查，并将检查结果书面告知劳动者。职业健康检查费用由用人单位承担。

用人单位不得安排未经上岗前职业健康检查的劳动者从事接触职业病危害的作业；不得安排有职业禁忌的劳动者从事其所禁忌的作业；对在职业健康检查中发现有与所从事的职业相关的健康损害的劳动者，应当调离原工作岗位，并妥善安置；对未进行离岗前职业健康检查的劳动者不得解除或者终止与其订立的劳动合同。

第三十七条 用人单位应当为劳动者建立职业健康监护档案，并按照规定的期限妥善保存。

职业健康监护档案应当包括劳动者的职业史、职业病危害接触史、职业健康检查结果和职业病诊疗等有关个人健康资料。

劳动者离开用人单位时，有权索取本人职业健康监护档案复印件，用人单位应当如实、无偿提供，并在所提供的复印件上签章。

第三十八条 对遭受或者可能遭受急性职业病危害的劳动者，用人单位应当及时组织救治、进行健康检查和医学观察，所需费用由用人单位承担。

第三十九条 用人单位不得安排未成年工从事接触职业病危害的作业；不得安排孕期、哺乳期的女职工从事对本人和胎儿、婴儿有危害的作业。

第四十条 劳动者享有下列职业卫生保护权利：

（一）获得职业卫生教育、培训；

（二）获得职业健康检查、职业病诊疗、康复等职业病防治服务；

（三）了解工作场所产生或者可能产生的职业病危害因素、危害后果和应当采取的职业病防护措施；

（四）要求用人单位提供符合防治职业病要求的职业病防护设施和个人使用的职业病防护用品，改善工作条件；

（五）对违反职业病防治法律、法规以及危及生命健康的行为提出批评、检举和控告；

（六）拒绝违章指挥和强令进行没有职业病防护措施的作业；

（七）参与用人单位职业卫生工作的民主管理，对职业病防治工作提出意见和建议。

用人单位应当保障劳动者行使前款所列权利。因劳动者依法行使正当权利而降低其工资、福利等待遇或者解除、终止与其订立的劳动合同的，其行为无效。

第四十一条　工会组织应当督促并协助用人单位开展职业卫生宣传教育和培训，有权对用人单位的职业病防治工作提出意见和建议，依法代表劳动者与用人单位签订劳动安全卫生专项集体合同，与用人单位就劳动者反映的有关职业病防治的问题进行协调并督促解决。

工会组织对用人单位违反职业病防治法律、法规，侵犯劳动者合法权益的行为，有权要求纠正；产生严重职业病危害时，有权要求采取防护措施，或者向政府有关部门建议采取强制性措施；发生职业病危害事故时，有权参与事故调查处理；发现危及劳动者生命健康的情形时，有权向用人单位建议组织劳动者撤离危险现场，用人单位应当立即作出处理。

第四十五条　劳动者可以在用人单位所在地、本人户籍所在地或者经常居住地依法承担职业病诊断的医疗卫生机构进行职业病诊断。

第四十八条　用人单位应当如实提供职业病诊断、鉴定所需的劳动者职业史和职业病危害接触史、工作场所职业病危害因素检测结果等资料；安全生产监督管理部门应当监督检查和督促用人单位提供上述资料；劳动者和有关机构也应当提供与职业病诊断、鉴定有关的资料。

第四十九条　劳动者对用人单位提供的工作场所职业病危害因素检测结果等资料有异议，或者因劳动者的用人单位解散、破产，无用人单位提供上述资料的，诊断、鉴定机构应当提请安全生产监督管理部门进行调查，安全生产监督管理部门应当自接到申请之日起三十日内对存在异议的资料或者工作场所职业病危害因素情况作出判定；有关部门应当配合。

第五十七条　用人单位应当保障职业病病人依法享受国家规定的职业病待遇。

用人单位应当按照国家有关规定，安排职业病病人进行治疗、康复和定期检查。

用人单位对不适宜继续从事原工作的职业病病人，应当调离原岗位，并妥善安置。

用人单位对从事接触职业病危害的作业的劳动者，应当给予适当岗位津贴。

第五十八条　职业病病人的诊疗、康复费用，伤残以及丧失劳动能力的职业病病人的社会保障，按照国家有关工伤保险的规定执行。

第五十九条　职业病病人除依法享有工伤保险外，依照有关民事法律，尚有获得赔偿的权利的，有权向用人单位提出赔偿要求。

第六十条　劳动者被诊断患有职业病，但用人单位没有依法参加工伤保险的，其医疗和生活保障由该用人单位承担。

第六十一条　职业病病人变动工作单位，其依法享有的待遇不变。

用人单位在发生分立、合并、解散、破产等情形时，应当对从事接触职业病危害的作业的劳动者进行健康检查，并按照国家有关规定妥善安置职业病病人。

第六十二条　用人单位已经不存在或者无法确认劳动关系的职

业病病人，可以向地方人民政府民政部门申请医疗救助和生活等方面的救助。

地方各级人民政府应当根据本地区的实际情况，采取其他措施，使前款规定的职业病病人获得医疗救治。

五、《消防法》相关规定

第五条　任何单位和个人都有维护消防安全、保护消防设施、预防火灾、报告火警的义务。任何单位和成年人都有参加有组织的灭火工作的义务。

第六条　各级人民政府应当组织开展经常性的消防宣传教育，提高公民的消防安全意识。

机关、团体、企业、事业等单位，应当加强对本单位人员的消防宣传教育。

第七条　国家鼓励、支持消防科学研究和技术创新，推广使用先进的消防和应急救援技术、设备；鼓励、支持社会力量开展消防公益活动。

对在消防工作中有突出贡献的单位和个人，应当按照国家有关规定给予表彰和奖励。

第十六条　机关、团体、企业、事业等单位应当履行下列消防安全职责：

（一）落实消防安全责任制，制定本单位的消防安全制度、消防安全操作规程，制定灭火和应急疏散预案；

（二）按照国家标准、行业标准配置消防设施、器材，设置消防安全标志，并定期组织检验、维修，确保完好有效；

（三）对建筑消防设施每年至少进行一次全面检测，确保完好有效，检测记录应当完整准确，存档备查；

（四）保障疏散通道、安全出口、消防车通道畅通，保证防火防烟分区、防火间距符合消防技术标准；

（五）组织防火检查，及时消除火灾隐患；

（六）组织进行有针对性的消防演练；

（七）法律、法规规定的其他消防安全职责。

单位的主要负责人是本单位的消防安全责任人。

第十七条 县级以上地方人民政府公安机关消防机构应当将发生火灾可能性较大以及发生火灾可能造成重大的人身伤亡或者财产损失的单位，确定为本行政区域内的消防安全重点单位，并由公安机关报本级人民政府备案。

消防安全重点单位除应当履行本法第十六条规定的职责外，还应当履行下列消防安全职责：

（一）确定消防安全管理人，组织实施本单位的消防安全管理工作；

（二）建立消防档案，确定消防安全重点部位，设置防火标志，实行严格管理；

（三）实行每日防火巡查，并建立巡查记录；

（四）对职工进行岗前消防安全培训，定期组织消防安全培训和消防演练。

第二十一条 禁止在具有火灾、爆炸危险的场所吸烟、使用明火。因施工等特殊情况需要使用明火作业的，应当按照规定事先办理审批手续，采取相应的消防安全措施；作业人员应当遵守消防安全规定。

进行电焊、气焊等具有火灾危险作业的人员和自动消防系统的操作人员，必须持证上岗，并遵守消防安全操作规程。

第二十三条 生产、储存、运输、销售、使用、销毁易燃易爆危险品，必须执行消防技术标准和管理规定。

进入生产、储存易燃易爆危险品的场所，必须执行消防安全规定。禁止非法携带易燃易爆危险品进入公共场所或者乘坐公共交通工具。

储存可燃物资仓库的管理，必须执行消防技术标准和管理规定。

第二十八条　任何单位、个人不得损坏、挪用或者擅自拆除、停用消防设施、器材，不得埋压、圈占、遮挡消火栓或者占用防火间距，不得占用、堵塞、封闭疏散通道、安全出口、消防车通道。人员密集场所的门窗不得设置影响逃生和灭火救援的障碍物。

第三十六条　县级以上地方人民政府应当按照国家规定建立公安消防队、专职消防队，并按照国家标准配备消防装备，承担火灾扑救工作。

乡镇人民政府应当根据当地经济发展和消防工作的需要，建立专职消防队、志愿消防队，承担火灾扑救工作。

第四十一条　机关、团体、企业、事业等单位以及村民委员会、居民委员会根据需要，建立志愿消防队等多种形式的消防组织，开展群众性自防自救工作。

第四十四条　任何人发现火灾都应当立即报警。任何单位、个人都应当无偿为报警提供便利，不得阻拦报警。严禁谎报火警。

人员密集场所发生火灾，该场所的现场工作人员应当立即组织、引导在场人员疏散。

任何单位发生火灾，必须立即组织力量扑救。邻近单位应当给予支援。

消防队接到火警，必须立即赶赴火灾现场，救助遇险人员，排除险情，扑灭火灾。

第四十九条　公安消防队、专职消防队扑救火灾、应急救援，不得收取任何费用。

单位专职消防队、志愿消防队参加扑救外单位火灾所损耗的燃料、灭火剂和器材、装备等，由火灾发生地的人民政府给予补偿。

第五十条　对因参加扑救火灾或者应急救援受伤、致残或者死亡的人员，按照国家有关规定给予医疗、抚恤。

第五十一条　公安机关消防机构有权根据需要封闭火灾现场，

负责调查火灾原因，统计火灾损失。

火灾扑灭后，发生火灾的单位和相关人员应当按照公安机关消防机构的要求保护现场，接受事故调查，如实提供与火灾有关的情况。

公安机关消防机构根据火灾现场勘验、调查情况和有关的检验、鉴定意见，及时制作火灾事故认定书，作为处理火灾事故的证据。

第五十七条 公安机关消防机构及其工作人员执行职务，应当自觉接受社会和公民的监督。

任何单位和个人都有权对公安机关消防机构及其工作人员在执法中的违法行为进行检举、控告。收到检举、控告的机关，应当按照职责及时查处。

第六十四条 违反本法规定，有下列行为之一，尚不构成犯罪的，处十日以上十五日以下拘留，可以并处五百元以下罚款；情节较轻的，处警告或者五百元以下罚款：

（一）指使或者强令他人违反消防安全规定，冒险作业的；

（二）过失引起火灾的；

（三）在火灾发生后阻拦报警，或者负有报告职责的人员不及时报警的；

（四）扰乱火灾现场秩序，或者拒不执行火灾现场指挥员指挥，影响灭火救援的；

（五）故意破坏或者伪造火灾现场的；

（六）擅自拆封或者使用被公安机关消防机构查封的场所、部位的。

第七十二条 违反本法规定，构成犯罪的，依法追究刑事责任。

六、《刑法》及其修正案相关规定

第一百三十四条 工厂、矿山、林场、建筑企业或者其他企业、事业单位的职工，由于不服从管理、违反规章制度，或者强令工人冒险作业，因而发生重大伤亡事故或者造成其他严重后果的，处三年以下有期徒刑或者拘役；情节特别恶劣的，处三年以上七年以下有期徒刑。

《刑法修正案六》将刑法第一百三十四条修改为："在生产、作业中违反有关安全管理的规定，因而发生重大伤亡事故或者造成其他严重后果的，处三年以下有期徒刑或者拘役；情节特别恶劣的，处三年以上七年以下有期徒刑。

强令他人违章冒险作业，因而发生重大伤亡事故或者造成其他严重后果的，处五年以下有期徒刑或者拘役；情节特别恶劣的，处五年以上有期徒刑。"

重大责任事故罪的犯罪客体是人的生命和健康；犯罪主体是工厂、矿山、林场、建筑企业或者其他企业、事业单位的职工即从业人员，包括企业、事业单位的管理人员和作业人员；客观要件是实施了不服从管理、违反规章制度，或者强令工人冒险作业的违法行为，因而发生重大伤亡事故或者造成其他严重后果；主观要件表现为过失，即行为人本应当预见自己的行为将导致发生危害后果，但由于疏忽大意未能预见，或侥幸认为能够避免，以致发生严重后果。

第一百三十五条　工厂、矿山、林场、建筑企业或者其他企业、事业单位的劳动安全设施不符合国家规定，经有关部门或者单位职工提出后，对事故隐患仍不采取措施，因而发生重大事故或者造成其他严重后果的，对直接责任人员，处三年以下有期徒刑或者拘役；情节特别恶劣的，处三年以上七年以下有期徒刑。

《刑法修正案六》将刑法第一百三十五条改为："安全生产设施或者安全生产条件不符合国家规定，因而发生重大伤亡事故或者造成其他严重后果的，对直接负责的主管人员和其他直接责任人员，处三年以下有期徒刑或者拘役；情节特别恶劣的，处三年以上七年以下有期徒刑。

举办大型群众性活动违反安全管理规定，因而发生重大伤亡事故或者造成其他严重后果的，对直接负责的主管人员和其他直接责任人员，处三年以下有期徒刑或者拘役；情节特别恶劣的，处三年以上七年以下有期徒刑。”

重大劳动安全事故罪的犯罪客体是人的生命和健康；犯罪主体是工厂、矿山、林场、建筑企业或者其他企业、事业单位的有关人员，包括这些单位的负责人、管理人员和其他有关人员；客观要件是实施了劳动安全设施不符合国家规定，对事故隐患不采取措施的违法行为，因而发生重大事故或者造成其他严重后果；主观要件是虽明知劳动安全设施不符合国家规定但并不希望事故发生，从而对事故隐患不采取措施的过失。

第一百三十六条　违反爆炸性、易燃性、放射性、毒害性、腐蚀性物品的管理规定，在生产、储存、运输、使用中发生重大事故，造成严重后果的，处三年以下有期徒刑或者拘役；后果特别严重的，处三年以上七年以下有期徒刑。

危险物品肇事罪的犯罪客体是人的生命和健康；犯罪主体是生产、储存、运输、使用等单位的直接责任人员，包括单位负责人、管理人员、从业人员或其他有关人员；客观要件是实施了违反爆炸性、易燃性、放射性、毒害性、腐蚀性物品的管理规定的违法行为，在生产、储存、运输、使用中发生重大事故，造成严重后果；主观要件是具有违反爆炸性、易燃性、放射性、毒害性、腐蚀性物品的管理规定的过失。

第一百三十九条　违反消防管理法规，经消防监督机构通知采取改正措施而拒绝执行，造成严重后果的，对直接责任人员，处三年以下有期徒刑或者拘役；后果特别严重的，处三年以上七年以下有期徒刑。

《刑法修正案六》将刑法第一百三十九条改为：“违反消防管理法规，经消防监督机构通知采取改正措施而拒绝执行，造成严重后果的，对直接责任人员，处三年以下有期徒刑或者拘役；后果特别严重的，处三年以上七年以下有期徒刑。”

在安全事故发生后，负有报告职责的人员不报或者谎报事故情况，贻误事故抢救，情节严重的，处三年以下有期徒刑或者拘役；情节特别严重的，处三年以上七年以下有期徒刑。

消防责任事故罪的犯罪客体是人的生命和健康与公私财产；犯罪主体是有关单位的直接责任人员，包括有关单位的负责人、管理人员、从业人员和其他有关人员；客观要件是实施了违反消防管理法规，经消防监督机构通知采取改正措施而拒绝执行的违法行为，造成严重后果；主观要件是具有违反消防管理法规，拒绝执行消防监督机构通知采取的整改措施的过失。

七、《国务院办公厅转发劳动部关于认真落实安全生产责任制意见的通知》

1. 安全生产是关系国家和人民群众生命财产安全、关系经济发展和社会稳定的大事，各地区、各有关部门（行业）和企业务必把这项工作列入重要议事日程，切实抓紧抓好。要按照“企业负责、行业管理、国家监察、群众监督和劳动者遵章守纪”的总要求，以及管生产必须管安全、谁主管谁负责的原则，建立健全安全生产领导责任制并实行严格的目标管理。行政正职和企业法定代表人是安全生产第一责任人，对安全生产工作应负全面的领导责任；分管安全生产工作的副职应负具体的领导责任；分管其他工作的副职，在其分管工作中涉及安全生产内容的，也应承担相应的领导责任。各地区、各有关部门（行业）和企业都要建立健全安全生产考核奖惩制度，对认真履行职责、做出显著成绩的，要给予表彰奖励；对履行职责不好、安全生产目标计划不能实现的，应进行批评教育或给予相应的行政、经济处罚；对因玩忽职守、失职渎职而造成重大、特大事故的，要依照法律和其他有关规定进行严肃处理，决不姑息迁就。

2. 地方各级人民政府都应制定安全生产规划并纳入国民经济和社会发展的总体规划，认真研究解决本地区安全生产的重大问题。要加强安全生产的法制建设，做到有法可依、有法必依、执法必严、违法必究，确保有关法律、法规和国家关于安全生产的方针政策的贯彻执行。要加强事故预防工作，按规定对危险性大、职业危害严重及重点项目的建设把好审批立项关，要对项目进行安全可行性论证和安全卫生评价；对威胁公众安全的重大事故隐患和危险设施、场所，要组织有关部门进行安全性评估，落实整改责任单位；对不能立即消除的重大事故隐患，必须采取严密的防范措施并制定应急规划。要加强安全生产的宣传教育，努力提高广大人民群众遵章守纪的自觉性和安全生产意识。

3. 各有关部门（行业）应切实加强对本部门（行业）及所属单位安全生产的管理工作。要根据本部门（行业）实际，制定安全生产中、长期规划和年度工作计划并认真组织实施。要坚决贯彻执行国家关于安全生产的法律、法规和方针政策，制定和实施本部门（行业）的安全生产规章、规程及技术规范。要加强对所属企业安全生产工作的指导和监督，认真审核企业的安全生产计划，督促企业确保对安全生产的资金投入，帮助企业建立健全安全生产的激励和制约机制，全面落实安全生产责任制。要切实把好本部门（行业）建设工程项目安全设施设计的审批关并按规定组织竣工验收，加强对重大事故隐患和危险源的整改和监控工作，积极开展安全生产的技术开发和推广应用。要认真组织对本部门（行业）的安全生产检查，抓好安全生产的宣传教育和培训等工作，加强安全生产的队伍建设。要按照有关规定认真组织或参与重大事故的调查处理工作。

4. 各企业要严格按照国家关于安全生产的法律、法规和方针政策，制定详尽周密的安全生产计划，健全各项规章制度和安全操作规程，落实全员安全生产责任制。要加强安全生产管理机构建设，按国家规定保证对安全生产的资金投入。要不断改善劳动条件，定期进行安全生产检查，对存在的事故隐患应按规定及时整改，发生重大事故必须立即组织抢救并报告有关部门。企业法定代表人应定期向职工代表大会或职工大会报告安全生产工作情况，接受职工群众监督。要加强对职工的安全生产教育和培训，教育他们严格遵守有关法律、法规以及规章制度和操作规程，增强安全生产意识，帮助他们学习并掌握必要的安全生产知识，熟练掌握岗位安全操作技能，提高自我保护和处理突发事件的能力。

5. 各级劳动行政部门要认真履行安全生产的综合管理职能和行使国家监察的职权。要切实加强安全生产工作的综合与协调，定期分析安全生产形势，研究安全生产中的重大问题并提出相应对策，为党委和政府当好参谋助手。要加强对贯彻执行有关法律、法规和方针政策的监督检查，做到执法必严、违法必究。要认真做好经常性的安全监察和事故监察工作，对重大事故隐患和危险源要及时督促有关单位进行整改和监控，对特种设备应按照国家规定实行安全认可制度，要认真做好事故调查、处理和批复工作，加强劳动安全监察队伍建设。要积极组织安全生产管理科学研究，努力探索适应社会主义市场经济要求的安全生产管理模式。

6. 各地区、各有关部门（行业）要十分重视群众监督、新闻舆论监督和社会监督对安全生产工作的促进作用。要充分发挥工会组织的监督作用，积极支持工会组织开展职工遵章守纪和预防事故的群众性活动。要利用各种新闻媒体广泛宣传有关安全生产的法律、法规和方针政策，宣扬好的典型。同时，对那些因管理松懈、责任制不落实等原因而造成重大事故的典型事件，应公开曝光、依法追究责任。要支持和鼓励广大人民群众举报违反安全生产法律、法规等行为，严禁打击报复举报人，促进安全生产工作迈上一个新的台阶。

第二章　遵守安全生产规章制度和操作规程的责任

第一节　安全生产规章制度及其意义

一、安全生产规章制度的概念

安全生产规章制度是指企业依据国家有关法律法规、国家和行业标准，结合安全生产实际，以企业名义起草颁发的有关安全生产的规范性文件。一般包括规程、标准、规定、措施、办法、制度、指导意见等。

安全生产规章制度是企业贯彻国家有关安全生产法律法规、国家和行业标准，贯彻国家安全生产方针政策的行动指南，是企业有效防范生产、经营过程安全生产风险，保障从业人员安全和健康，加强安全生产管理的重要措施。

建立健全安全生产规章制度是企业的法定责任。企业是安全生产的责任主体，国家有关法律法规对企业加强安全规章制度建设有明确的要求。《安全生产法》第四条规定“生产经营单位必须遵守本法和其他有关安全生产的法律、法规，加强安全生产管理，建立、健全安全生产责任制度，完善安全生产条件，确保安全生产”；《劳动法》第五十二条规定“用人单位必须建立、健全劳动安全卫生制度，严格执行国家劳动安全卫生规程和标准，对劳动者进行劳动安全卫生教育，防止劳动过程中的事故，减少职业危害”；《突发事件应对法》第二十二条规定“所有单位应当建立健全安全管理制度，定期检查本单位各项安全防范措施的落实情况，及时消除事故隐患……”。所以，建立、健全安全生产规章制度是国家有关安全生产法律法规明确的企业的法定责任。

二、安全生产规章制度建设的重要意义

企业要实施有效的安全生产管理，履行其保护职工安全、健康的法定义务，落实“安全第一、预防为主、综合治理”的安全生产方针，就必须建立健全强有力的组织保障体系、规章制度保障体系和措施保障体系。这三大体系的具体体现就是以安全生产责任制为核心的安全生产规章制度体系。

安全生产规章制度是企业规章制度的重要组成部分，是国家有关法规、标准在企业安全生产中的具体落实，是统一全体职工从事安全生产的行为准则。因此，企业必须建立健全一整套既符合国家法规标准，又符合企业生产经营管理实际的安全生产规章制度。

安全生产规章制度可分为三大类：一是以企业安全生产责任制为核心的全厂性安全生产总则；二是各种单项制度，如安全生产的教育制度、检查制度、安全技术措施计划管理制度、特种作业人员培训制度、危险作业审批制度、伤亡事故管理制度、职业卫生管理制度、特种设备安全管理制度、电气安全管理制度、消防管理制度等；三是岗位安全操作规程。

1. 建立、健全安全生产规章制度是企业安全生产的重要保障

生产经营的目的是追求利润，但是，在追求利润的过程中，如果不能有效防范安全风险，企业的生产经营秩序就不能被保障，甚至还会给社会带来灾难。客观上需要企业对生产工艺过程、机械设备、人员操作进行系统分析、评价，制定出一系列的操作规程和安全控制措施，以保障生产经营工作合法、有序、安全地运行，将安全风险降到最低。在长期的生产经营活动中，企业积累了大量的安全风险防范对策措施，这些措施只有形成安全生产规章制度，才能有效地得到继承和发扬。

2. 建立、健全安全生产规章制度是企业保护从业人员安全与健康的重要手段

安全生产的法律法规明确规定，企业必须采取切实可行的措施，保障从业人员的安全与健康。因此，只有通过安全生产规章制度的约束，才能防止企业安全生产管理的随意性，才能使从业人员进一步明确自己的权利和义务，有效地保障从业人员的合法权益。同时，也为从业人员在生产经营过程中遵章守纪提供明确的标准和依据。

第二节　安全生产规章制度的内容

一、安全生产规章制度的编制

企业应每年编制安全生产规章制度制定和修订的工作计划。计划的主要内容包括规章制度的名称、编制目的、主要内容、责任部门、进度安排等，确保企业安全生产规章制度建设和管理的有序进行。

安全生产规章制度的制定一般包括起草、会签、审核、签发、发布、培训和考试、修订七个流程。安全生产规章制度发布后，企业应组织有关部门和人员进行学习和培训，对安全操作规程类的安全生产规章制度，还应对相关人员进行考试，考试合格后才能上岗作业。安全生产规章制度日常管理的重点是在执行过程中的动态检查，确保安全生产规章制度得到贯彻落实。

1. 起草

根据企业安全生产责任制，由负有安全生产管理职能的部门负责起草。安全生产规章制度在起草前，应首先收集国家有关安全生产法律法规、国家行业标准、企业所在地地方政府的有关法规、标准等，作为安全生产规章制度起草的依据。同时，结合企业安全生产的实际情况，进行起草。涉及安全技术标准、安全操作规程等的起草工作，还应查阅设备制造厂的说明书等。

安全生产规章制度起草要做到目的明确，文字表达条理清楚、结构严谨、用词准确、文字简明、标点符号正确。

技术规程规范、安全操作规程等的编制，应按照企业标准的格式进行起草。其他规章制度格式可根据内容多少分章（节）、条、款、项、目结构表达，内容单一的也可直接以条的方式表达。规章制度中的序号可用中文数字和阿拉伯数字依次表述。

安全生产规章制度的草案应对起草目的、适用范围、主管部门、具体规范、解释部门和施行日期等作出明确的规定。新的安全生产规章制度代替原有规章制度，应在草案中写明本规章制度生效后原规定废止的内容。

2. 会签

责任部门起草的安全生产规章制度草案，应在送交相关领导签发前征求有关部门的意见，意见不一致时，一般由企业主要负责人或分管安全生产的负责人主持召开会议，取得一致意见。

3. 审核

安全生产规章制度在签发前，应进行审核。审核步骤包括：一是由企业负责法律事务的部门，对安全生产规章制度与相关法律法规的符合性及与企业现行规章制度一致性进行审查；二是提交企业的职工代表大会或安全生产委员会会议进行讨论，对各方面工作的协调性、各方利益的统筹性进行审查。

4. 签发

技术规程规范、安全操作规程等一般技术性安全生产规章制度由企业分管安全生产的负责人签发，涉及全局性的综合管理类安全规章制度应由企业主要负责人签发。

安全生产规章制度签发后，要进行编号，注明生效时间，以“自发布之日起执行”或“现予发布，自某年某月某日起施行”。

5. 发布

企业的安全生产规章制度，应采用固定的发布方式，如通过红头文件形式发布、在企业内部办公网络发布等。发布的范围应覆盖与安全生产规章制度相关的部门及人员。

6. 培训和考试

新颁布的安全生产规章制度应组织相关人员进行培训，对安全操作规程类的规章制度，还应组织相关人员考试。

7. 修订

企业应每年对安全生产规章制度进行一次修订，并公布现行有效的安全规章制度清单。对安全操作规程类的安全生产规章制度，除每年进行一次修订外，3～5 年应组织进行一次全面修订，并重新印刷。

二、安全生产规章制度建设的内容

企业安全生产规章制度建设，一般包括安全生产教育培训制度、安全生产检查制度、安全生产奖惩制度、生产安全事故报告和处理制度、个人防护用品管理制度、设备安全管理制度、危险作业管理制度、安全操作规程等。

1. 安全生产教育培训制度

(1) 为确保安全生产，增强本单位职工安全生产知识，各部门要结合中心工作，应用广播、板报、安全课等形式，积极开展经常性的安全生产教育。

(2) 凡新入厂的管理人员和职工，必须接受厂级、车间、班级的三级安全生产教育后方可上岗，有关部门做好三级教育卡的备案记录工作。

(3) 转岗职工、重新上岗职工的安全生产教育由车间主任完成。

(4) 特种作业人员在上岗前必须进行专业技术培训，持有关部门颁发的有效证件方可上岗。

(5) 所有授课人员应做好教育记录，保证教育内容和时间符合法律规定，受教育人接受教育后应签字确认。

（6）凡发生工伤事故后，主管部门要根据事故原因对职工进行安全生产教育。

（7）安全生产教育后，由安全科或主管领导将授课及考试资料归档。

2. 安全生产检查制度

企业在编制安全生产检查制度中，应结合本单位的实际，列出工作现场的检查重点内容，以及谁去检查，什么时间检查，检查出隐患后怎么消除等内容。具体包括以下几个方面：

（1）本单位安全科应每月进行一次安全生产检查，对安全生产责任制和安全生产制度的落实情况，安全生产教育培训情况，以及重大危险源和重要危险部位，结合季节变化开展季节性检查、排查，及时消除事故隐患。

（2）各车间应每周进行一次安全生产检查，主要检查机器设备、设施的安全生产状况，排查事故隐患。

（3）班组应每日进行一次安全生产检查，主要检查职工是否遵守操作规程，是否按规定佩戴个人安全防护用品，纠正违章现象。

（4）单位专职、兼职安全员应定时巡检，及时发现事故隐患。

（5）所有检查结果要有记录，对检查出的隐患或违反规定的行为应及时上报，立即排除。

3. 安全生产奖惩制度

安全生产奖惩制度的编制应结合本单位不同岗位而定，应找出各岗位易发生的违反规定、标准、操作规程的行为。找出各部门及单位领导在岗位责任制中易发生违反规定的范围。根据情节轻重制定出单位的处罚标准，以及奖励的有关条款。安全生产奖惩制度的奖励、惩处的实施由谁来决定，在制度中应予以明确。安全生产奖励标准如下：

（1）对安全生产管理有突出贡献的。

（2）发现生产安全重大事故隐患的。

（3）拒绝或举报违章作业的。

（4）在发生事故中抢险救灾作出突出贡献的。

4. 生产安全事故报告和处理制度

（1）发生生产安全事故后，应立即上报上级安全主管部门，主管部门根据事故情况上报有关部门处理。

（2）发生生产安全事故后，事故部门或个人要保护好现场，不得将事故现场随意变动或恢复。

（3）事故部门或事故当事人要积极协助调查分析，不得隐瞒事故真相。

（4）对各类工伤事故要按照“四不放过”的原则，查明原因，分清责任，接受教育，提出处理意见，建立防范措施。

另外，对于因违反操作规程、违章作业、违章指挥所造成的事故，应按照事故大小，将对责任人的行政、经济处罚标准编入生产安全事故报告和处理制度中。此外，还应对职工的工伤保险、休假等规定条款编入制度中。

5. 个人防护用品管理制度

依据《安全生产法》，结合本单位具体情况，为确保企业生产的安全进行，保护职工的人身安全与健康，对在职职工按不同工种的劳动防护要求，确定发放标准，明确管理办法。具体内容如下：

（1）明确个人防护用品名称、使用年限和发放部门。

（2）明确个人防护用品的标准和范围。

（3）明确个人防护用品的采购部门及质量保障要求。

（4）明确个人防护用品回收的时限和负责部门。

（5）明确个人防护用品丢失或损坏的处理标准和补发条款。

（6）明确职工使用个人防护用品的要求。

6. 设备安全管理制度

不同的设备应有不同的标准与要求，在编制设备安全管理制度时，应结合单位设备状况，在制度中作出具体要求。设备安全管理制度的编制应包括以下内容：

（1）设备选购应满足安全技术要求。

（2）设备维护、保养的时限和方法。

（3）设备应具有可靠的安全防护装置。

（4）明确设备的危险部位和维修措施。

（5）设备安全生产检查的时限和内容。

（6）设备操作人员的培训和持证要求。

（7）设备异常情况的紧急处置措施。

7. 危险作业管理制度

危险作业一般包括吊装作业、动土作业、拆除作业、动火作业、高处作业、密闭空间作业、焊接与切割作业、电气设备使用作业、厂内机动车辆作业、手持电动工具作业等。危险作业管理制度的编制应明确以下内容：

（1）本单位危险作业的批准部门和批准程序。

（2）现场保护措施。

（3）明确责任人、现场指挥员、现场操作人员、现场救护（防护）人员。

（4）明确操作人员需持有的特种作业证件。

（5）明确正确佩戴和使用防护用品。

（6）明确要做好的现场记录。

8. 安全操作规程

安全操作规程是职工操作机械和调整仪器仪表以及从事其他作业时必须遵守的程序和注意事项。

企业应根据本单位的机械设备种类和台数，实行一机一操作规程。不同设备有不同要求，应按使用说明书、国家或行业标准、安全管理规程有关的检测、检验技术标准规范编制企业的安全操作规程。具体内容如下：

（1）启动设备接通电源之前，应清理工作现场，仔细检查各种手柄位置是否正确、灵活，安全装置是否齐全。

（2）启动设备前，应先检查油池、油箱中的油量是否充足，油路是否畅通，并按润滑图表卡进行润滑工作。

（3）变速时，各变速手柄必须转换到指定位置。

（4）工件必须装卡牢固，以免松动甩出造成事故。

（5）已卡紧的工件不得再行敲打校正，以免影响设备精度。

（6）要经常保持润滑工具及润滑系统的清洁，不得敞开油箱盖，以免灰尘铁屑等杂物进入。

（7）启动设备时，必须盖好电气箱盖，不允许有活物、水、油等进入电动机或电气装置内。

（8）设备外露基准面或滑动面上不准堆放工具、产品等，以免碰伤设备，影响设备运行。

（9）严禁超性能、超负荷使用设备。

（10）采取自动控制时，首先要调整好限位装置，以免超越行程造成事故。

（11）设备运转时，操作者不得离开工作岗位，并要经常检查各部位有无异常（异声、异味、发热、振动等）。发现故障应立即停止操作，及时排除。凡属操作者不能排除的故障，应及时通知维修人员排除。

（12）操作者离开设备或装卸工件，或对设备进行调整、清洁或润滑前，必须切断电源。

（13）不得拆除设备上的安全防护装置。

（14）调整或维修设备时，要正确使用拆卸工具，严禁乱敲乱拆。

（15）操作者注意力要集中，个人防护用品使用等符合要求，站立位置要安全。

（16）特殊危险物品的安全要求等。

第三节 安全生产台账、票证审核制度

一、安全生产台账和安全生产票证的概念

企业的安全生产台账是企业安全管理活动的真实记载。它承担着总结安全生产经验、吸取安全生产教训、传递安全生产信息、优化安全管理工作等诸多功能，也是企业安全生产管理规范化、标准化、程序化、系列化的集中体现，更能反映出一个企业的安全管理水平、安全工作素质和安全生产技能。

企业的安全生产票证是企业安全基础工作的重要组成部分，它是职工在操作和维修作业过程中程序化、标准化的具体体现，是一种精细管理、集约管理的方法和手段。企业的安全生产台账、安全生产票证都是企业安全生产的最基础工作和最起码要求。因此，每一个企业都应该建立和健全安全生产台账和安全生产票证。

安全生产台账是人们在安全生产工作实践中从最原始、最朴素的免遭身体受到伤害的良好愿望出发，将安全生产工作中的经验和教训积累起来，先是记录在笔记本中或一些零散的记录纸上，当人们遭受一次次事故的痛苦后，有意无意中将这些零散的记录纸或记录本翻起来时，发现原来曾经受过类似事故的伤害，或者曾经用一些办法遏制了某些事故，曾经取得过改进的成效。于是，人们试图用一种标准的表格形式，按照生产作业过程中遇到的各种情况，分门别类，做成最原始的安全生产台账。随着科学技术的进步，生产自动化、机械化程度的提高，以及人们安全生产经验的不断丰富，人们逐渐把安全生产台账补充、完善起来，并作为安全生产工作的真实记载。

安全生产票证是从事故的教训中产生的，当人们在自由操作中受到了各种各样事故的伤害，就会反思作业过程中为什么会造成这

种结果，在反思分析中发现，人们在作业过程中程序不一样，操作方式不同，随心所欲想当然办事多，因而产生的不安全行为骤增，这才是造成各种伤害的直接原因。于是，人们想方设法用一种标准的方式作业，用一种规范的程序行事，用一种既简便又实用还安全的作业标准来从事各种作业，就能减少人为失误，形成规范作业。于是，各种安全生产票证应运而生了。如登高作业，有“高处安全作业票”；用电作业，有“电气安全作业票”；检修作业，有“检修作业安全许可证”；入罐作业，有“罐内安全作业票”；动火作业，有“动火证”，并根据危险度的不同，分为特殊、一类、二类三种“动火证”；断路作业，有“断路安全联络票”；起重作业，有“起重吊运安全票”等。这些安全生产票证的产生，从根本上解决了自由操作、自由作业的问题，使作业过程中事故的发生率大幅度下降。

二、实行安全生产台账和安全生产票证的作用

安全生产台账、安全生产票证，对企业的安全生产管理有如此重要的作用，应该作为企业广大职工和从业人员的安全行为准则。职工在生产过程中，会遇到各种各样复杂的情况，也会由于个人素质、认识能力、技术水平的差异，出现不同的安全生产结果。因此，职工必须以安全生产台账、安全生产票证为依托，将认识统一在安全生产管理制度中，将智慧集中在安全生产台账里，将行为规范在安全生产票证上。这样，就形成了安全生产的向心力和凝聚力，做到了遵章有制度、记录有标准、作业有规范。如此，安全生产必然会取得圆满成功。

党和国家历来十分重视安全生产工作，曾经制定和颁布了很多法律、法规、标准、规范。特别是改革开放以来，国家相继出台了《劳动法》《安全生产法》《矿山安全法》《职业病防治法》《消防法》《防震减灾法》《防洪法》等安全生产法律。这些法律的颁布实施，使企业的安全生产有了法律依据。同时，也使企业安全生产走上了

法制化轨道。但是，企业千差万别，性质各异，特点不同，而国家法律不可能包罗万象，不是为某一个企业而专门制定的。因此，企业的安全生产台账、安全生产票证正好是国家安全生产法律法规在企业安全生产工作中的补充和完善，对那些法律未涉及到的地方，可用企业安全生产台账和安全生产票证来弥补。企业的安全生产台账和安全生产票证是在执行国家法律的基础上，针对企业自身特点而制定的，两者非但不矛盾，反而形成优势互补。在企业中，安全生产管理制度未涉及的内容，可以用安全生产台账和安全生产票证来完善。安全生产台账就是企业自身工作的真实记载，安全生产票证就是企业所从事的各种作业的行为规范。所以，在企业的安全生产中，国家安全生产法律法规必须不折不扣地执行，企业安全生产台账、安全生产票证也必须完全、彻底地落实，它们共同构成了企业安全生产规章制度体系。

在企业安全生产管理中，安全生产台账、安全生产票证都是最基本的基础工作，它们之间相互联系，一脉相承。安全生产台账是职工安全工作的记载，是职工安全活动的集合，是职工安全水平的体现；安全生产票证是提高职工安全意识的钥匙，是优化职工安全技能的根本。它们之间互为联系，又各有侧重，形成了企业安全生产管理基础建设的共同体，呈现出扭合共进、螺旋上升的安全管理功能。因此，建立健全完善的安全生产台账，执行严密的安全生产票证，实是企业安全建设基础工作的主体。

第四节　安全生产规章制度相关法律法规规定

一、《安全生产法》相关规定

第十六条　生产经营单位应当具备本法和有关法律、行政法规和国家标准或者行业标准规定的安全生产条件；不具备安全生产条件的，不得从事生产经营活动。

第二十条 生产经营单位的主要负责人和安全生产管理人员必须具备与本单位所从事的生产经营活动相应的安全生产知识和管理能力。

危险物品的生产、经营、储存单位以及矿山、建筑施工单位的主要负责人和安全生产管理人员，应当由有关主管部门对其安全生产知识和管理能力考核合格后方可任职。考核不得收费。

第四十条 两个以上生产经营单位在同一作业区域内进行生产经营活动，可能危及对方生产安全的，应当签订安全生产管理协议，明确各自的安全生产管理职责和应当采取的安全措施，并指定专职安全生产管理人员进行安全生产检查与协调。

第四十一条 生产经营单位不得将生产经营项目、场所、设备发包或者出租给不具备安全生产条件或者相应资质的单位或者个人。

生产经营项目、场所有多个承包单位、承租单位的，生产经营单位应当与承包单位、承租单位签订专门的安全生产管理协议，或者在承包合同、租赁合同中约定各自的安全生产管理职责；生产经营单位对承包单位、承租单位的安全生产工作统一协调、管理。

二、《劳动法》相关规定

第四条 用人单位应当依法建立和完善规章制度，保障劳动者享有劳动权利和履行劳动义务。

第二十五条 劳动者有下列情形之一的，用人单位可以解除劳动合同：

（一）在试用期间被证明不符合录用条件的；

（二）严重违反劳动纪律或者用人单位规章制度的；

（三）严重失职，营私舞弊，对用人单位利益造成重大损害的；

（四）被依法追究刑事责任的。

第八十九条 用人单位制定的劳动规章制度违反法律、法规规定的，由劳动行政部门给予警告，责令改正；对劳动者造成损害的，应当承担赔偿责任。

三、《职业病防治法》相关规定

第十七条　新建、扩建、改建建设项目和技术改造、技术引进项目（以下统称建设项目）可能产生职业病危害的，建设单位在可行性论证阶段应当向安全生产监督管理部门提交职业病危害预评价报告。安全生产监督管理部门应当自收到职业病危害预评价报告之日起三十日内，作出审核决定并书面通知建设单位。未提交预评价报告或者预评价报告未经安全生产监督管理部门审核同意的，有关部门不得批准该建设项目。

职业病危害预评价报告应当对建设项目可能产生的职业病危害因素及其对工作场所和劳动者健康的影响作出评价，确定危害类别和职业病防护措施。

建设项目职业病危害分类管理办法由国务院安全生产监督管理部门制定。

第十八条　建设项目的职业病防护设施所需费用应当纳入建设项目工程预算，并与主体工程同时设计，同时施工，同时投入生产和使用。

职业病危害严重的建设项目的防护设施设计，应当经安全生产监督管理部门审查，符合国家职业卫生标准和卫生要求的，方可施工。

建设项目在竣工验收前，建设单位应当进行职业病危害控制效果评价。建设项目竣工验收时，其职业病防护设施经安全生产监督管理部门验收合格后，方可投入正式生产和使用。

第二十一条　用人单位应当采取下列职业病防治管理措施：

（一）设置或者指定职业卫生管理机构或者组织，配备专职或者兼职的职业卫生专业人员，负责本单位的职业病防治工作；

（二）制定职业病防治计划和实施方案；

（三）建立、健全职业卫生管理制度和操作规程；

（四）建立、健全职业卫生档案和劳动者健康监护档案；

（五）建立、健全工作场所职业病危害因素监测及评价制度；

（六）建立、健全职业病危害事故应急救援预案。

第二十五条 产生职业病危害的用人单位，应当在醒目位置设置公告栏，公布有关职业病防治的规章制度、操作规程、职业病危害事故应急救援措施和工作场所职业病危害因素检测结果。

对产生严重职业病危害的作业岗位，应当在其醒目位置，设置警示标识和中文警示说明。警示说明应当载明产生职业病危害的种类、后果、预防以及应急救治措施等内容。

第三十一条 任何单位和个人不得生产、经营进口和使用国家明令禁止使用的可能产生职业病危害的设备或者材料。

第六十三条 县级以上人民政府职业卫生监督管理部门依照职业病防治法律、法规、国家职业卫生标准和卫生要求，依据职责划分，对职业病防治工作进行监督检查。

四、《矿山安全法》相关规定

第三条 矿山企业必须具有保障安全生产的设施，建立、健全安全管理制度，采取有效措施改善职工劳动条件，加强矿山安全管理工作，保证安全生产。

第二十条 矿山企业必须建立、健全安全生产责任制。

矿长对本企业的安全生产工作负责。

第二十一条 矿长应当定期向职工代表大会或者职工大会报告安全生产工作，发挥职工代表大会的监督作用。

第二十二条 矿山企业职工必须遵守有关矿山安全的法律、法规和企业规章制度。

矿山企业职工有权对危害安全的行为，提出批评、检举和控告。

第二十四条　矿山企业违反有关安全的法律、法规，工会有权要求企业行政方面或者有关部门认真处理。矿山企业召开讨论有关安全生产的会议，应当有工会代表参加，工会有权提出意见和建议。

第二十五条　矿山企业工会发现企业行政方面违章指挥、强令工人冒险作业或者生产过程中发现明显重大事故隐患和职业危害，有权提出解决的建议；发现危及职工生命安全的情况时，有权向矿山企业行政方面建议组织职工撤离危险现场，矿山企业行政方面必须及时作出处理决定。

第二十六条　矿山企业必须对职工进行安全教育、培训；未经安全教育、培训的，不得上岗作业。

矿山企业安全生产的特种作业人员必须接受专门培训，经考核合格取得操作资格证书的，方可上岗作业。

第二十七条　矿长必须经过考核，具备安全专业知识，具有领导安全生产和处理矿山事故的能力。

矿山企业安全工作人员必须具备必要的安全专业知识和矿山安全工作经验。

第二十八条　矿山企业必须向职工发放保障安全生产所需的劳动防护用品。

第二十九条　矿山企业不得录用未成年人从事矿山井下劳动。

矿山企业对女职工按照国家规定实行特殊劳动保护，不得分配女职工从事矿山井下劳动。

第三十条　矿山企业必须制定矿山事故防范措施，并组织落实。

第三十一条　矿山企业应当建立由专职或者兼职人员组成的救护和医疗急救组织，配备必要的装备、器材和药物。

五、《国务院关于坚持科学发展、安全发展，促进安全生产形势持续稳定好转的意见》相关规定

9. 认真落实企业安全生产主体责任

企业必须严格遵守和执行安全生产法律法规、规章制度与技术标准，依法依规加强安全生产，加大安全投入，健全安全管理机构，加强班组安全建设，保持安全设备设施完好有效。企业主要负责人、实际控制人要切实承担安全生产第一责任人的责任，带头执行现场带班制度，加强现场安全管理。强化企业技术负责人技术决策和指挥权，注重发挥注册安全工程师对企业安全状况诊断、评估、整改方面的作用。企业主要负责人、安全管理人员、特种作业人员一律经严格考核、持证上岗。企业用工要严格依照劳动合同法与职工签订劳动合同，职工必须全部经培训合格后上岗。

10. 强化地方人民政府安全监管责任

地方各级人民政府要健全完善安全生产责任制，把安全生产作为衡量地方经济发展、社会管理、文明建设成效的重要指标，切实履行属地管理职责，对辖区内各类企业包括中央、省属企业实施严格的安全生产监督检查和管理。严格落实地方行政首长安全生产第一责任人的责任，建立健全政府领导班子成员安全生产“一岗双责”制度。省、市、县级政府主要负责人要定期研究部署安全生产工作，组织解决安全生产重点难点问题。

11. 切实履行部门安全生产管理和监督职责

健全完善安全生产综合监管与行业监管相结合的工作机制，强化安全生产监管部门对安全生产的综合监管，全面落实行业主管部门的专业监管、行业管理和指导职责。相关部门、境内投资主体和派出企业要切实加强对境外中资企业安全生产工作的指导和管理。要不断探索创新与经济运行、社会管理相适应的安全监管模式，建立健全与企业信誉、项目核准、用地审批、证券融资、银行贷款等方面相挂钩的安全生产约束机制。

12. 严格安全生产准入条件

要认真执行安全生产许可制度和产业政策，严格技术和安全质量标准，严把行业安全准入关。强化建设项目安全核准，把安全生产条件作为高危行业建设项目审批的前置条件，未通过安全评估的不准立项；未经批准擅自开工建设的，要依法取缔。严格执行建设项目安全设施“三同时”（同时设计、同时施工、同时投产和使用）制度。制定和实施高危行业从业人员资格标准。加强对安全生产专业服务机构管理，实行严格的资格认证制度，确保其评价、检测结果的专业性和客观性。

13. 加强安全生产风险监控管理

充分运用科技和信息手段，建立健全安全生产隐患排查治理体系，强化监测监控、预报预警，及时发现和消除安全隐患。企业要定期进行安全风险评估分析，重大隐患要及时报安全监管监察和行业主管部门备案。各级政府要对重大隐患实行挂牌督办，确保监控、整改、防范等措施落实到位。各地区要建立重大危险源管理档案，实施动态全程监控。

14. 推进安全生产标准化建设

在工矿商贸和交通运输行业领域普遍开展岗位达标、专业达标和企业达标建设，对在规定期限内未实现达标的企业，要依据有关规定暂扣其生产许可证、安全生产许可证，责令停产整顿；对整改逾期仍未达标的，要依法予以关闭。加强安全标准化分级考核评价，将评价结果向银行、证券、保险、担保等主管部门通报，作为企业信用评级的重要参考依据。

15. 加强职业病危害防治工作

要严格执行《职业病防治法》，认真实施国家职业病防治规划，深入落实职业危害防护设施“三同时”制度，切实抓好煤（矽）尘、热害、高毒物质等职业危害防范治理。对可能产生职业病危害的建设项目，必须进行严格的职业病危害预评价，未提交预评价报告或预评价报告未经审核同意的，一律不得批准建设；对职业病危害防控措施不到位的企业，要依法责令其整改，情节严重的要依法予以关闭。切实做好职业病诊断、鉴定和治疗，保障职工安全健康权益。

六、《危险化学品管理条例》相关规定

第四条 危险化学品安全管理，应当坚持安全第一、预防为主、综合治理的方针，强化和落实企业的主体责任。

生产、储存、使用、经营、运输危险化学品的单位（以下统称危险化学品单位）的主要负责人对本单位的危险化学品安全管理工作全面负责。

危险化学品单位应当具备法律、行政法规规定和国家标准、行业标准要求的安全条件，建立、健全安全管理规章制度和岗位安全责任制度，对从业人员进行安全教育、法制教育和岗位技术培训。从业人员应当接受教育和培训，考核合格后上岗作业；对有资格要求的岗位，应当配备依法取得相应资格的人员。

第二十四条 危险化学品应当储存在专用仓库、专用场地或者专用储存室（以下统称专用仓库）内，并由专人负责管理；剧毒化学品以及储存数量构成重大危险源的其他危险化学品，应当在专用仓库内单独存放，并实行双人收发、双人保管制度。

危险化学品的储存方式、方法以及储存数量应当符合国家标准或者国家有关规定。

第二十五条 储存危险化学品的单位应当建立危险化学品出入库核查、登记制度。

对剧毒化学品以及储存数量构成重大危险源的其他危险化学品，储存单位应当将其储存数量、储存地点以及管理人员的情况，报所在地县级人民政府安全生产监督管理部门（在港区内储存的，报港口行政管理部门）和公安机关备案。

第二十六条 危险化学品专用仓库应当符合国家标准、行业标准的要求，并设置明显的标志。储存剧毒化学品、易制爆危险化学品的专用仓库，应当按照国家有关规定设置相应的技术防范设施。

储存危险化学品的单位应当对其危险化学品专用仓库的安全设

施、设备定期进行检测、检验。

第二十八条　使用危险化学品的单位，其使用条件（包括工艺）应当符合法律、行政法规的规定和国家标准、行业标准的要求，并根据所使用的危险化学品的种类、危险特性以及使用量和使用方式，建立、健全使用危险化学品的安全管理规章制度和安全操作规程，保证危险化学品的安全使用。

第三十四条　从事危险化学品经营的企业应当具备下列条件：

（一）有符合国家标准、行业标准的经营场所，储存危险化学品的，还应当有符合国家标准、行业标准的储存设施；

（二）从业人员经过专业技术培训并经考核合格；

（三）有健全的安全管理规章制度；

（四）有专职安全管理人员；

（五）有符合国家规定的危险化学品事故应急预案和必要的应急救援器材、设备；

（六）法律、法规规定的其他条件。

第三十五条　从事剧毒化学品、易制爆危险化学品经营的企业，应当向所在地设区的市级人民政府安全生产监督管理部门提出申请，从事其他危险化学品经营的企业，应当向所在地县级人民政府安全生产监督管理部门提出申请（有储存设施的，应当向所在地设区的市级人民政府安全生产监督管理部门提出申请）。申请人应当提交其符合本条例第三十四条规定条件的证明材料。设区的市级人民政府安全生产监督管理部门或者县级人民政府安全生产监督管理部门应当依法进行审查，并对申请人的经营场所、储存设施进行现场核查，自收到证明材料之日起30日内作出批准或者不予批准的决定。予以批准的，颁发危险化学品经营许可证；不予批准的，书面通知申请人并说明理由。

设区的市级人民政府安全生产监督管理部门和县级人民政府安全生产监督管理部门应当将其颁发危险化学品经营许可证的情况及

时向同级环境保护主管部门和公安机关通报。

申请人持危险化学品经营许可证向工商行政管理部门办理登记手续后，方可从事危险化学品经营活动。法律、行政法规或者国务院规定经营危险化学品还需要经其他有关部门许可的，申请人向工商行政管理部门办理登记手续时还应当持相应的许可证件。

七、《国务院关于进一步加强企业安全生产工作的通知》相关规定

1. 工作要求

深入贯彻落实科学发展观，坚持以人为本，牢固树立安全发展的理念，切实转变经济发展方式，调整产业结构，提高经济发展的质量和效益，把经济发展建立在安全生产有可靠保障的基础上；坚持“安全第一、预防为主、综合治理”的方针，全面加强企业安全管理，健全规章制度，完善安全标准，提高企业技术水平，夯实安全生产基础；坚持依法依规生产经营，切实加强安全监管，强化企业安全生产主体责任落实和责任追究，促进我国安全生产形势实现根本好转。

3. 进一步规范企业生产经营行为

企业要健全完善严格的安全生产规章制度，坚持不安全不生产。加强对生产现场监督检查，严格查处违章指挥、违规作业、违反劳动纪律的“三违”行为。凡超能力、超强度、超定员组织生产的，要责令停产停工整顿，并对企业和企业主要负责人依法给予规定上限的经济处罚。对以整合、技改名义违规组织生产，以及规定期限内未实施改造或故意拖延工期的矿井，由地方政府依法予以关闭。要加强对境外中资企业安全生产工作的指导和管理，严格落实境内投资主体和派出企业的安全生产监督责任。

4. 及时排查治理安全隐患

企业要经常性开展安全隐患排查，并切实做到整改措施、责任、

资金、时限和预案“五到位”。建立以安全生产专业人员为主导的隐患整改效果评价制度，确保整改到位。对隐患整改不力造成事故的，要依法追究企业和企业相关负责人的责任。对停产整改逾期未完成的不得复产。

5. 强化生产过程管理的领导责任

企业主要负责人和领导班子成员要轮流现场带班。煤矿、非煤矿山要有矿领导带班并与工人同时下井、同时升井，对无企业负责人带班下井或该带班而未带班的，对有关责任人按擅离职守处理，同时给予规定上限的经济处罚。发生事故而没有领导现场带班的，对企业给予规定上限的经济处罚，并依法从重追究企业主要负责人的责任。

6. 强化职工安全培训

企业主要负责人和安全生产管理人员、特殊工种人员一律严格考核，按国家有关规定持职业资格证书上岗；职工必须全部经过培训合格后上岗。企业用工要严格依照劳动合同法与职工签订劳动合同。凡存在不经培训上岗、无证上岗的企业，依法停产整顿。没有对井下作业人员进行安全培训教育，或存在特种作业人员无证上岗的企业，情节严重的要依法予以关闭。

7. 全面开展安全达标

深入开展以岗位达标、专业达标和企业达标为内容的安全生产标准化建设，凡在规定时间内未实现达标的企业要依法暂扣其生产许可证、安全生产许可证，责令停产整顿；对整改逾期未达标的，地方政府要依法予以关闭。

8. 加强企业生产技术管理

强化企业技术管理机构的安全职能，按规定配备安全技术人员，切实落实企业负责人安全生产技术管理负责制，强化企业主要技术负责人技术决策和指挥权。因安全生产技术问题不解决产生重大隐患的，要对企业主要负责人、主要技术负责人和有关人员给予处罚；

发生事故的，依法追究责任。

9. 强制推行先进适用的技术装备

煤矿、非煤矿山要制定和实施生产技术装备标准，安装监测监控系统、井下人员定位系统、紧急避险系统、压风自救系统、供水施救系统和通信联络系统等技术装备，并于3年之内完成。逾期未安装的，依法暂扣安全生产许可证、生产许可证。运输危险化学品、烟花爆竹、民用爆炸物品的道路专用车辆，旅游包车和三类以上的班线客车要安装使用具有行驶记录功能的卫星定位装置，于2年之内全部完成；鼓励有条件的渔船安装防撞自动识别系统，在大型尾矿库安装全过程在线监控系统，大型起重机械要安装安全监控管理系统；积极推进信息化建设，努力提高企业安全防护水平。

14. 加强社会监督和舆论监督

要充分发挥工会、共青团、妇联组织的作用，依法维护和落实企业职工对安全生产的参与权与监督权，鼓励职工监督举报各类安全隐患，对举报者予以奖励。有关部门和地方要进一步畅通安全生产的社会监督渠道，设立举报箱，公布举报电话，接受人民群众的公开监督。要发挥新闻媒体的舆论监督作用，对舆论反映的客观问题要深查原因，切实整改。

19. 严格安全生产准入前置条件

把符合安全生产标准作为高危行业企业准入的前置条件，实行严格的安全标准核准制度。矿山建设项目和用于生产、储存危险物品的建设项目，应当分别按照国家有关规定进行安全条件论证和安全评价，严把安全生产准入关。凡不符合安全生产条件违规建设的，要立即停止建设，情节严重的由本级人民政府或主管部门实施关闭取缔。降低标准造成隐患的，要追究相关人员和负责人的责任。

28. 严格落实安全目标考核

对各地区、各有关部门和企业完成年度生产安全事故控制指标情况进行严格考核，并建立激励约束机制。加大重特大事故的考核权重，发生特别重大生产安全事故的，要根据情节轻重，追究地市级分管领导或主要领导的责任；后果特别严重、影响特别恶劣的，要按规定追究省部级相关领导的责任。加强安全生产基础工作考核，加快推进安全生产长效机制建设，坚决遏制重特大事故的发生。

29. 加大对事故企业负责人的责任追究力度

企业发生重大生产安全责任事故，追究事故企业主要负责人责任；触犯法律的，依法追究事故企业主要负责人或企业实际控制人的法律责任。发生特别重大事故，除追究企业主要负责人和实际控制人责任外，还要追究上级企业主要负责人的责任；触犯法律的，依法追究企业主要负责人、企业实际控制人和上级企业负责人的法律责任。对重大、特别重大生产安全责任事故负有主要责任的企业，其主要负责人终身不得担任本行业企业的矿长（厂长、经理）。对非法违法生产造成人员伤亡的，以及瞒报事故、事故后逃逸等情节特别恶劣的，要依法从重处罚。

第三章　正确使用和保管劳动防护用品和防护器具的责任

第一节　劳动防护用品基本概念

一、劳动防护用品及其作用

1. 劳动防护用品的定义

劳动防护用品是指由企业为从业人员配备的，使其在劳动过程中免遭或者减轻事故伤害及职业危害的个人防护装备，分为特种劳动防护用品和一般劳动防护用品两种。

劳动防护用品的优劣直接关系到职工的安全健康，必须经劳动保护用品质量监督检查机构检验合格，并核发生产许可证和产品合格证，其基本要求是：

（1）必须严格保证质量，具有足够的防护性能，安全可靠。

（2）防护用品所选用的材料必须符合人体生理要求，不能成为危害因素的来源。

（3）防护用品要使用方便，不影响正常工作。

2. 劳动防护用品的作用

防护用品供劳动者个人随身使用，是保护劳动者不受职业危害的最后一道防线。当劳动安全卫生技术措施尚不能消除生产劳动过程中的危险及有害因素，达不到国家标准、行业标准及有关规定，也暂时无法进行技术改造时，使用防护用品就成为既能完成生产任务，又能保障劳动者安全与健康的唯一手段。防护用品的主要作用是：

（1）隔离和屏蔽作用。隔离和屏蔽作用是指使用一定的隔离或屏蔽体，使机体免受有害因素的侵害。如劳动防护用品能很好地隔绝外界的某些刺激，避免皮肤发生皮炎等病态反应。

（2）过滤和吸附（收）作用。过滤和吸附（收）作用是指借助防护用品中某些聚合物本身的活性基因对毒物的吸附作用，洗涤空气。如活性炭等多孔物质可以通过吸附进行排毒。

3. 劳动防护用品的特点

劳动防护用品是保护劳动者安全与健康所采取的必不可少的辅助措施，是劳动者防止职业毒害和伤害的最后一项有效措施。劳动防护用品具有以下几个特点：

（1）特殊性。劳动防护用品不同于一般的商品，是保障劳动者安全与健康的特殊用品，企业必须按照国家和省、市劳动防护用品有关标准进行选择和发放。尤其是特种防护用品，因其具有特殊的防护功能，国家在生产、使用、购买等环节中都有严格的要求。例如，国家安全生产监督管理总局 2005 年第 1 号令《劳动防护用品监督管理规定》要求，特种劳动防护用品必须由取得特种劳动防护用品安全标志的专业厂家生产，企业不得采购和使用无安全标志的特种劳动防护用品；购买的特种劳动防护用品须经本单位的安全生产技术部门或者管理人员检查验收等。

（2）适用性。劳动防护用品的适用性既包括防护用品选择的适用性，也包括使用的适用性。选择的适用性是指必须根据不同的工种和作业环境以及使用者的自身特点等选用合适的防护用品。如耳塞和防噪声帽（有大小型号之分），如果选择的型号太小，就不会很好地起到防护噪声的作用。使用的适用性是指防护用品需在进入工作岗位时使用，这不仅要求产品的防护性能可靠、确保使用者的安全，而且还要求产品适用性能好、方便、灵活，使用者乐于使用。因此，结构较复杂的防护用品，需经过一定时间试用，对其适用性及推广应用价值作出科学评价后才能投产销售。

（3）时效性。劳动防护用品均有一定的使用寿命。如橡胶类、塑料等制品，长时间受紫外线及冷热温度影响会逐渐老化而易折断；有些护目镜和面罩，受光线照射和擦拭，或者受空气中的酸、碱蒸气的腐蚀，镜片的透光率逐渐下降而失去使用价值；绝缘鞋（靴）、防静电鞋和导电鞋等的电气性能，随着鞋底的磨损，将会改变电性能；一些防护用品的零件长期使用会磨损，影响力学性能；一些防护用品的保存条件也会影响其使用寿命。因此，劳动防护用品有一定的使用寿命，时效性较强。

二、劳动防护用品的分类及其选用

1. 劳动防护用品的分类

（1）按照用途不同，劳动防护用品可以分为以下几种类型：

1）以防止伤亡事故为目的的防护用品。包括：防坠落用品，如安全带、安全网等；防冲击用品，如安全帽、防冲击护目镜等；防触电用品，如绝缘服、绝缘鞋、等电位工作服等；防机械外伤用品，如防刺、割、绞碾、磨损用的防护服、鞋、手套等；防酸碱用品，如耐酸碱手套、防护服和靴等；耐油用品，如耐油防护服、鞋和靴等；防水用品，如胶制工作服、雨衣、雨鞋和雨靴、防水保险手套等；防寒用品，如防寒服、鞋、帽、手套等。

2）以预防职业病为目的的防护用品。包括：防尘用品，如防尘口罩、防尘服等；防毒用品，如防毒面具、防毒服等；防放射性用品，如防放射性服、铅玻璃眼镜等；防热辐射用品，如隔热防护服、防辐射隔热面罩、电焊手套、有机防护眼镜等；防噪声用品，如耳塞、耳罩、耳帽等。

（2）按照防护部位不同，劳动防护用品可以分为以下几种类型：

1）头部防护用品。如防护帽、安全帽、防寒帽、防昆虫帽等。

2）呼吸器官防护用品。如防尘口罩（面罩）、防毒口罩（面罩）等。

3）眼面部防护用品。如焊接护目镜、炉窑护目镜、防冲击护目镜等。

4）手部防护用品。如一般防护手套、各种特殊防护（防水、防寒、防高温、防振）手套、绝缘手套等。

5）足部防护用品。如防尘、防水、防油、防滑、防高温、防酸碱、防振鞋（靴）及电绝缘鞋（靴）等；

6）躯干防护用品。通常称为防护服，如一般防护服、防水服、防寒服、防油服、防电磁辐射服、隔热服、防酸碱服等。

（3）按照性质不同，劳动防护用品可以分为特种劳动防护用品与一般劳动防护用品。特种劳动防护用品是指能让劳动者在劳动过程中预防或减轻严重伤害和职业危害的劳动防护用品，一般劳动防护用品是指除特种劳动防护用品以外的护品。其中，特种劳动防护用品又可以分为以下几种类型：

1）头部护具类。如安全帽等。

2）呼吸护具类。如防尘口罩、过滤式防毒面具、自给式空气呼吸器、长管面具等。

3）眼（面）护具类。如焊接眼面护具、防冲击眼护具等。

4）防护服类。如阻燃防护服、防酸工作服、防静电工作服等。

5）防护鞋类。保护足趾安全鞋、防静电鞋、导电鞋、防刺穿鞋、胶面防砸安全鞋、电绝缘鞋、耐酸碱皮鞋、耐酸碱皮胶靴、耐酸碱塑料压靴等。

6）防坠落护具类。安全带、安全网、密目式安全立网等。

2. 使用劳动防护用品的注意事项

在工作场所必须按照要求佩戴和使用劳动防护用品。劳动防护用品是根据生产工作的实际需要发给个人的，每个职工在生产工作中都要好好地应用，以达到预防事故、保障个人安全的目的。使用劳动防护用品要注意的问题有：

（1）选择防护用品应针对防护目的，正确选择符合要求的用品，绝不能错选或将就使用，以免发生事故。

（2）对使用防护用品的人员应进行教育和培训，使其充分了解使用目的和意义，并正确使用。对于结构和使用方法较为复杂的防护用品，如呼吸防护器，应进行反复训练，使人员能熟练使用。用于紧急救灾的呼吸器，要定期严格检验，并妥善存放在可能发生事故的地点附近，方便取用。

（3）要妥善维护保养防护用品。例如，耳塞、口罩、面罩等用后应用肥皂、清水洗净，并用药液消毒、晾干。过滤式呼吸防护器的滤料要定期更换，以防失效。防止皮肤污染的工作服用后应集中清洗。

（4）防护用品应有专人管理，负责维护保养，保证劳动防护用品充分发挥其作用。

3. 根据作业场所的危害因素选择使用劳动防护用品

（1）粉尘有害因素。在《工作场所有害因素职业接触限值》（GBZ 2—2002）中规定有 47 种粉尘，这些粉尘都是对人体健康有损害的，工作场所环境空气中粉尘超过限值，应采用防颗粒物的呼吸器。其中，自吸过滤式防颗粒物呼吸器产品应符合 GB 2626—2006 标准（2006 年 12 月 1 日实施）要求；送风过滤式产品应符合 LD 6—1991 电动送风过滤式防尘呼吸器通用技术条件等标准。

（2）化学性有害因素。在《工作场所有害因素职业接触限值》（GBZ 2—2002）中规定有毒物质有 329 种，凡是作业场所超过限值，除采取防毒工程技术措施外，还应提供个人防护用品。这些防毒呼吸用品，应符合 GB 2890—1995 过滤式防毒面具通用技术条件、GB 8159 矿用一氧化碳自救器等要求；供气式防毒用品应符合 GB 17556 自给式压缩空气呼吸器标准要求。

（3）物理有害因素。电离辐射暴露限值、高温作业分级、激光、局部振动、煤矿井下采掘作业地点气象条件，体力劳动强度分级标准，体力作业时心率和能量消耗的生理限值，以及紫外辐射、红外辐射、噪声级限值等，物理有害因素在 GBZ 1—2002《工业企业设计卫生标准》和GBZ 2—2002中都有规定。针对不同的物理有害因素，可选用相应的防护用品，如防紫外红外辐射伤害的护目镜和面具、焊接护目镜产品应符合GB/T 36091—1994焊接眼面防护具的要求；高温辐射场所选用阻燃防护服应符合GB 8965—1998的要求；有静电和电危害的作业场所应选用防静电工作服和防静电鞋，产品应符合GB 12014—1989要求和GB 4385—1995要求；防止电危害应选用带电作用屏蔽服或高压静电防护服以及电绝缘鞋（靴）、电绝缘手套等防护用品，其产品应符合GB 65681—2000、GB 18146—2000、GB 12011—2000和GB 17622—1998等标准要求；有机械、打击、切割伤害的作业场所，应选用安全帽、安全鞋和防护手套、护目镜等防护用品，并符合国家标准要求。

（4）生物性有害因素。如接触皮毛、动物引起的炭疽杆菌感染、布氏杆菌感染、森林采伐引起的脑炎病菌感染，以及医护人员接触患者引起细菌、病毒性感染等。在这些场所选用呼吸防护品时，产品应符合GB 19083—2003医用防护口罩技术要求；选用防护服产品应符合GB 19082—2003医用一次性防护服技术要求。如果生物有害因素会伤害头部、耳、眼、呼吸、手臂、身体、皮肤、足部等部位，应根据不同部位选用相对应的防护用品。

4. 劳动防护用品的使用期限与报废

（1）劳动防护用品使用期限的影响因素。劳动防护用品的使用期限与作业场所环境、劳动防护用品使用频率、劳动防护用品自身性质等多方面因素有关。如某省根据作业环境，对厂矿企业使用安全帽的使用期限规定为：冶金轧钢厂中的板坯作业36个月；冷水作业48个月；煤炭作业、土建作业24个月；地质勘探作业的安装工、钻探工、采样工为12个月。一般来说，劳动防护用品使用期限应考虑以下三个方面的因素：

1）腐蚀程度。根据不同作业对劳动防护用品的磨损可划分为重腐蚀作业、中腐蚀作业和轻腐蚀作业。腐蚀程度反映作业环境和工种使用状况。

2）损耗情况。根据防护功能降低的程度可分为易受损耗、中等受损耗和强制性报废。受损耗情况反映防护用品防护性能情况。

3）耐用性能。根据使用周期可分为耐用，中等耐用和不耐用。耐用性能反映劳动防护用品材质状况，如用耐高温阻燃纤维织物制成的阻燃防护服，要比用阻燃剂处理的阻燃织物制成的阻燃防护服耐用。耐用性能反映防护用品的综合质量。

（2）劳动防护用品的报废。劳动防护用品因损伤、经测试防护功能失效或超过有效期时，应及时从作业现场清理出来，并由专人监督销毁。对销毁的劳动防护用品的品种、数量、来源、销毁原因等情况要进行详细记录，经办人员和监督人员签字后存档。严禁失效的劳动防护用品外流，避免因误用而引发事故。当符合下述条件之一时，劳动防护用品应予以报废，不得继续作为个人防护用品使用：

1）不符合国家标准、行业标准或地方标准。

2）未达到省级以上安全生产监督管理机构根据有关标准和规程所规定的功能指标。

3）在使用或保管储存期内遭到损坏或超过有效使用期，经检验未达到原规定的有效防护功能最低指标。

三、劳动防护用品的配备、使用管理

1. 劳动防护用品的配备

劳动防护用品的配备是一项政策性较强的工作，国家安全生产监督管理总局第1号令《劳动防护用品监督管理规定》（2005年）对劳动防护用品的配备作出了明确的规定，用人单位必须按照国家标准购买和发放劳动防护用品。其要求如下：

（1）用人单位应根据工作场所中的职业危害因素及其危害程度，按照法律、法规、标准的规定，为从业人员免费提供符合国家规定的防护用品。不得以货币或其他物品替代应当配备的防护用品。

（2）用人单位应到定点经营单位或生产企业购买特种劳动防护用品。防护用品必须具有“三证”，即生产许可证、产品合格证和安全标志证。购买的防护用品须经本单位安全管理部门验收，并应按照防护用品的使用要求，在使用前对防护功能进行必要的检查。

（3）用人单位应教育从业人员，按照防护用品的使用规则和防护要求正确使用防护用品。使职工做到“三会”：会检查防护用品的可靠性；会正确使用防护用品；会正确维护保养防护用品，并进行监督检查。

（4）用人单位应按照产品说明书的要求，及时更换、报废过期和失效的防护用品。

（5）用人单位应建立健全防护用品的购买、验收、保管、发放、使用、更换、报废等管理制度和使用档案，并切实贯彻执行和进行必要的监督检查。

2. 劳动防护用品的使用

劳动防护用品的使用首先应严格按照生产企业提供的使用说明书执行，使用说明书中提出的要求是劳动防护用品生产企业根据劳动防护用品的特性、构造特点等提出的，是最有针对性的。另外，在各相关的技术标准和有关的管理文件中都对各类劳动防护用品提出了一些通用的基本且重要的使用要求。例如，塑料安全帽的使用期从产品制造完成之日计算不超过两年半，对到期安全帽，必须经抽查检验合格后方可继续使用；防尘口罩不能用于含有烟气以及含氧量低于18%的环境；防静电工作服穿用时，必须与防静电鞋配套使用，禁止在易燃易爆场所穿脱防静电工作服等。

国家安全生产监督管理总局颁布的《劳动防护用品管理规定》第19条规定，从业人员在作业过程中，必须按照安全生产规章制度和劳动防护用品使用规则，正确佩戴和使用劳动防护用品；未按规定佩戴和使用劳动防护用品的，不得上岗作业。工会对企业劳动防护用品管理的违法行为有权要求纠正，并对纠正情况进行监督。

3. 劳动防护用品的管理

国家安全生产监督管理总局颁布的《劳动防护用品管理规定》第6条中指出，特种劳动防护用品实行安全标志管理。特种劳动防护用品安全标志管理由国家安全生产监督管理总局指定的特种劳动防护用品安全标志管理机构实施，特种劳动防护用品安全标志管理机构对其核发的安全标志负责。

劳动防护用品生产企业生产的特种劳动防护用品，必须取得特种劳动防护用品安全标志。安全生产监督管理部门、煤矿安全监察机构依法对劳动防护用品使用情况和特种劳动防护用品安全标志进行监督检查，督促生产经营单位按照国家有关规定为从业人员配备符合国家标准或者行业标准的劳动防护用品。

四、特种劳动防护用品

1. 特种劳动防护用品的定义

特种劳动防护用品是指由企业为从业人员配备的，使其在特殊劳动环境条件和劳动过程中免遭或者减轻事故伤害及职业危险的个人防护用品。

特种劳动防护用品必须具备“三证一标志”，即生产许可证、产品合格证、安全鉴定证和劳动防护安全标志。

2. 特种劳动防护用品的标志与标识

特种劳动防护用品的安全标志按照《特种劳动防护用品安全标志实施细则》（安监总规划字〔2005〕149号）规定执行，具体包括以下几种：

（1）特种劳动防护用品安全标志证书。该证书由国家安全生产监督管理总局监制，加盖特种劳动防护用品安全标志管理中心印章。

（2）特种劳动防护用品安全标志标识。由盾牌图形和特种劳动防护用品安全标志的编号组成。不同尺寸的图形用于不同类型的特种劳动防护用品，如图 3—1 所示。

图 3—1 特殊劳动防护用品安全标志标识

3. 特种劳动防护用品的采购

国家对特种劳动防护用品实行安全标志管理，要求生产经营单位必须购买有安全标志的特种劳动防护用品。

一些企业生产的无安全标志的特种劳动防护用品被生产经营单位购买后，因其不具备应有的安全防护性能和质量，造成了严重后果。所以，必须把住特种劳动防护用品的采购管理关。

《劳动防护用品监督管理规定》第十八条规定："生产经营单位不得采购和使用无安全标志的特种劳动防护用品；购买的特种劳动防护用品须经本单位的安全生产技术部门或者管理人员检查验收。"因此，企业在购买特种劳动防护用品时，必须购买有安全标志的特种劳动防护用品，并由本单位的安全生产技术部门或管理人员检查验收。

第二节 常用劳动防护用品及其管理

一、头部防护用品使用与管理

1. 头部防护用品的分类

根据防护作用和功能的不同，可将头部防护用品分为三类：安全帽、防护头罩及一般工作帽。

(1) 安全帽。又称安全头盔，是用来防御冲击、刺穿、挤压等伤害头部的帽子。

(2) 防护头罩。是使头部免受火焰、腐蚀性烟雾、粉尘以及恶劣气候条件伤害头部的个人防护装备。

(3) 工作帽。能防止头部脏污和擦伤、长发被绞碾等的普通帽子。

2. 安全帽的结构及其防护原理

(1) 安全帽的结构。安全帽由帽壳、帽衬、下颏带和后箍等部件组成，其主要组成部分为帽壳和帽衬。良好的帽壳、帽衬材料，适宜的帽型与合理的帽衬结构相配合，能起到阻挡外来冲击物，缓解、分散、吸收冲击力，保护佩戴者的作用。

1) 帽壳。帽壳多为椭圆或半圆拱形结构，表面连续光滑，可使物体坠落到帽壳上后易滑脱，顶部一般设有加强筋，以提高抗冲击强度。冲击过程中允许帽壳产生少量变形，但不能触及头顶。帽壳外形不宜采用平顶形式，平顶不易使坠落物滑脱，冲击过程中顶部变形大，易产生触顶。

2) 帽衬。帽衬是帽壳内部部件的总称，包括帽箍、顶带、护带、吸汗带、衬垫、下颏带及拴绳等。帽衬在冲击过程中主要起缓冲作用。帽衬材料的好坏，结构的合理性与协调程度等，直接影响安全帽的冲击吸收性能。

(2) 安全帽的防护原理。安全帽能承受压力主要是用了三种原理：

1) 缓冲减震作用。帽壳与帽衬之间有 25～50 mm 的间隙，当物体打击安全帽时，帽壳不因受力变形而直接影响到头顶部。

2) 分散应力作用。帽壳为椭圆形或半球形，表面光滑，当物体坠落在帽壳上时，物体不能停留立即滑落；而且帽壳受打击点的承受力向周围传递，通过帽衬缓冲减少的力可达 2/3 以上，其余的力经帽衬的整个面积传递给人的头盖骨，这样就把着力点变成了着力面，从而避免了冲击力在帽壳上某点应力集中，减少了单位面积受力。

3）生物力学。有关国际标准规定安全帽必须能吸收 4 900 N 的力。生物学试验表明，这是人体颈椎受力最大的限值，超过此限值颈椎就会受到伤害，轻者引起瘫痪，重者危及生命。

3. 安全帽的分类

安全帽可按照材料、外形和作业场所进行分类。

(1) 按材料分类，可分为工程塑料、橡胶料、纸胶料、植物料安全帽等。

(2) 按外形分类，可分为无檐、小檐、卷边、中檐、大檐安全帽等。

(3) 按作业场所分类，可分为一般作业类（Y 类）安全帽和特殊作业类（T 类）安全帽两大类。其中，T 类又可分为五类：T1 类适用于有火源的作业场所；T2 类适用于井下、隧道、地下工程、采伐等作业场所；T3 类适用于易燃易爆作业场所；T4（绝缘）类适用于带电作业场所；T5（低温）类适用于低温作业场所。每种安全帽都具有一定的技术性能指标和适用范围，所以，要根据作业环境选购相应的安全帽产品。

4. 安全帽的使用与维护

(1) 安全帽的使用。应该根据下列要求正确使用安全帽：

1）首先检查安全帽的外壳是否破损（如有破损，其分解和削弱外来冲击力的性能就已减弱或丧失，不可再用），有无合格帽衬（帽衬的作用是吸收和缓解冲击力，若无帽衬，则丧失了保护头部的功能），帽带是否完好。

2）调整好帽衬顶端与帽壳内顶的间距（4～5 cm），调整好帽箍。

3）安全帽必须戴正。如果戴歪了，一旦受到打击，起不到减轻对头部冲击的作用。

4）必须系紧下颏带，如果不系紧下颏带，一旦发生构件坠落打击事故，安全帽就容易掉下来，导致严重后果。

5）现场作业中，不得将安全帽脱下搁置一旁，或当坐垫使用。

（2）安全帽的维护。安全帽的维护有以下要求：

1）不能私自在安全帽上打孔，不要随意碰撞安全帽，不要将安全帽当板凳坐，以免影响其强度。

2）安全帽不能放置在有酸、碱、高温、日晒、潮湿或化学试剂的场所，以免其老化、变质。

3）对热塑料制的安全帽，虽可用清水冲洗，但不得用热水浸泡，更不能放入浴池内洗涤；也不能在暖气片、火炉上烘烤，以防止帽体变形。

（3）安全帽使用与维护的注意事项。应注意使用在有效期内的安全帽，塑料安全帽的有效期为两年半，植物枝条编织的安全帽有效期为两年，玻璃钢（包括维纶钢）和胶质安全帽的有效期为三年半。超过有效期的安全帽应报废。具体注意事项如下：

1）在使用之前一定要检查安全帽上是否有裂纹、碰伤痕迹、凹凸不平、磨损（包括对帽衬的检查），安全帽上如存在影响其性能的明显缺陷，就应及时报废，以免影响防护作用。

2）不能随意在安全帽上拆卸或添加附件，以免影响其原有的防护性能。

3）不能随意调节帽衬的尺寸。安全帽的内部尺寸如垂直间距、佩戴高度、水平间距等有严格规定，这些尺寸直接影响安全帽的防护性能，使用者不可随意调节，否则，落物冲击一旦发生，安全帽会因佩戴不牢脱出或因冲击触顶而起不到防护作用，直接伤害佩戴者。

4）使用时一定要将安全帽戴正、戴牢，不能晃动，要系紧下颏带，调节好后箍，以防安全帽脱落。

5）受过一次强冲击或做过试验的安全帽不能继续使用，应予以报废。

二、呼吸防护用品使用与管理

1. 常见呼吸防护用品分类

生产过程中，危害呼吸器官的因素主要有生产性粉尘和化学毒物两大类。一般来说，劳动者在进行固体物质的粉碎、碾磨、筛分、拌和、包装、运输，以及矿山钻孔、爆破、筑路、凿岩等工作中，都会接触到大量粉尘。长期悬浮在空气中的粉尘颗粒越细，越容易被人体吸入，特别是粒径小于 5 μm 的呼吸性粉尘，会直接进入肺泡并沉积，导致矽肺病或其他尘肺病，患者轻则丧失劳动能力，重则死亡，严重影响着劳动者的身体健康。另外，接触生产性毒物的行业和工种也很多，如在化工、制药、油漆、冶金、印刷等工业生产中，会产生许多化学有毒物质，被吸入人体后可引起急性或慢性中毒，有的有害物甚至可以引起恶变，导致白血病、癌症等。据统计，职业中毒的 95%左右是吸入有毒物质所致，因此，预防尘肺、职业中毒、缺氧窒息，关键是进行呼吸器官的防护。

呼吸器官的防护是指操作人员佩戴有效、适宜的防护器具，直接防御有害气体、蒸汽、尘、烟、雾经呼吸道进入体内，或者供给清洁空气，从而保证其在尘毒污染或缺氧环境中呼吸正常和安全健康。因操作条件或工艺设备所限，在含尘或毒物污染超过《工业企业设计卫生标准》的环境中处理事故，如检修、抢救等剧毒作业以及在狭小密闭舱内操作，都必须重视呼吸器官的防护，选用合适的呼吸器官防护用品。

呼吸防护用品根据结构和原理，可分为过滤式和隔离式两大类；按其防护用途可分为防尘、防毒和供氧三类。常见的呼吸器官防护产品主要有自吸过滤式防尘口罩、过滤式防毒面具、氧气呼吸器、自救器、空气呼吸器、防微粒口罩等。

（1）过滤式呼吸防护用品。这类防护用品是以佩戴者自身呼吸为动力，将空气中有害物质予以过滤净化，可分为防尘口罩和防毒面具两种。

1）自吸过滤式防尘口罩。主要用于防御各种粉尘和烟等质点较大的固体有害物质的防尘呼吸器。这种口罩有复式和简易式两种。其中，复式防尘口罩由主体（口鼻罩）、滤尘盒、呼气阀和系带等部件组成；简易式防尘口罩则没有滤尘盒，大部分不设呼气阀，依靠夹具、支架或直接将滤料做成口鼻罩。

2）自吸过滤式防毒面具。主要用于防御各种有害气体、蒸汽、气溶胶等有害物质，通常称为防毒口罩或防毒面具，可分为直接式与导管式两种。前者为滤毒罐（盒）直接与面罩相连；后者为滤毒罐（盒）通过导气管与面罩相连。防毒面具的面罩分为全面罩和半面罩。全面罩有头罩式和头戴式两种，应能遮住眼、鼻和口；而半面罩一般只能遮住鼻和口。

（2）隔离式呼吸防护用品。这类防护用品能使戴用者的呼吸器官与污染环境隔离，由呼吸器自身供气（空气或氧气）或从清洁环境中引入空气来维持人体的正常呼吸。按其供气方式可分为自带式与外界输入式两种。

1）自带式。有空气呼吸器和氧气呼吸器两种，其主要部件有面罩、短导气管、供气调节阀和供气罐，其呼吸通路与外界隔绝。供气形式采用罐内盛压缩氧气（空气）或过氧化物与借呼出的水蒸气及二氧化碳发生化学反应产生氧气两种。

2）外界输入式。有电动送风呼吸器、手动送风呼吸器和自吸式长管呼吸器三种。与自带式的主要区别在于供气源由作业场所外输入口罩（面具或头盔）内。其主要部件有由口罩（面具或头盔）、长导气管、减压阀、净化装置及调节阀。

2. 呼吸防护用品的使用

我国目前选择呼吸防护用品的原则，一般是根据作业场所的氧含量是否高于18%来确定选用过滤式或隔离式，根据作业场所有害物的性质和最高浓度确定选用全面罩或半面罩。

过滤式呼吸防护用品只能在不缺氧的劳动环境，即环境空气中氧的含量不低于18%和低浓度的有毒物质作业环境，以及短时间内不会危害生命健康的作业条件下使用，一般不能用于罐、槽等密闭狭小容器中作业人员的防护。其中，防尘口罩和防尘面具不能用于有毒有害气体或蒸气的环境作业。

隔离式防护用品主要用于缺氧、尘毒污染严重、污染情况不明或浓度未知的有生命危险的作业场所，一般不受环境条件限制。其中，外界输入式一般只适用于定岗作业和流动范围小的作业。

在井下这类相对封闭的空间作业，应选择隔离式防毒面具。作业时，一般选择长管面具，通过一根长管使作业者呼吸井外清洁空气；抢险时，一般选择空气呼吸器。

根据有害物浓度的不同，一般情况下，当环境中有毒有害气体或蒸气体积分数低于0.1%时，可选择全面罩或半面罩配滤毒盒；当浓度低于0.3%时，可选择全面罩配小型滤毒罐；当体积分数低于0.5%时，可选择全面罩配中型滤毒罐。

3. 呼吸防护用品的检查与维护

(1) 应按照呼吸防护用具使用说明书中的有关内容和要求，定期检查和维护呼吸防护用品。由经过培训的人员实施检查和维护，对使用说明书未包括的内容，应及时向生产者或经销商询问。

(2) 呼吸防护用品在每次使用前和佩戴后，应检查防护用品的部件是否齐全完好，是否有老损现象，及时更换失效部件。

(3) 对携气式呼吸器，使用后应立即更换用完的或部分用完的气瓶或气体发生器，并更换其他过滤部件。更换气瓶时不允许将空气瓶与氧气瓶互换。

(4) 应使用专用润滑剂润滑高压空气或氧气设备。

(5) 使用者不应自行重新装填过滤式呼吸防护用品的滤毒罐或

滤毒盒内的吸附过滤材料，也不得采取任何方法自行延长已经失效的过滤元件的使用寿命。

三、眼面部防护用品使用与管理

1. 眼面部防护用品分类

根据防护部位和防护性能的不同，眼面部防护用品可分为防护眼镜和防护面罩两类。主要防护眼睛和面部免受紫外线、红外线和微波等电磁波辐射，避免粉尘、烟尘、金属和砂石碎屑以及化学溶液溅射的损伤。

（1）防护眼镜。防护眼镜常用柔韧性强的塑料和橡胶制成，框宽大，足以覆盖使用者的眼睛。主要包括以下几种：

1）防固体碎屑的防护眼镜。眼镜片和眼镜架应结构坚固，抗打击，框架周围装有遮边，其上应有通风口。防护镜片可选用钢化玻璃、胶质黏合玻璃或铜丝网防护镜。

2）防化学溶液的防护眼镜。可选用普通平光镜片，镜框应有遮盖，以防溶液溅入。

3）防辐射的防护眼镜。镜片采用能反射或吸收辐射线，但能透过一定可见光的特殊玻璃制成。镜片镀有金属薄膜，可以反射射线。蓝色镜片吸收红外线，黄绿镜片同时吸收紫外线和红外线，无色含铅镜片吸收 X 射线和 γ 射线。

（2）防护面罩。防护面罩是用来保护面部和颈部免受飞来的金属碎屑、有害气体喷溅、金属和高温溶剂飞沫伤害的用具。防护面罩按用途分为防打击面罩、防辐射面罩、防化学液体飞溅面罩、防烟尘毒气面罩、隔热面罩等。

1）防打击面罩。面罩用透明的有机玻璃、塑料或金属网制成，可以防止金属屑、砂石等高速尘粒打击面部。

2）防辐射面罩。面罩由厚钢板压制而成，质地坚韧且质量轻，绝缘性能和耐热性能好。面罩上开有观察孔，嵌入遮光护目镜。面罩有头戴式和手持式两种，观察孔也有固定式和翻动式两种。

3）防化学飞溅面罩。大部分用有机玻璃制成。

4）防烟尘毒气面罩。用人造革制成头盔面罩，镶有机玻璃观察孔及可以更换滤料的过滤口罩，可防止由于接触烟尘毒气等导致脸部皮炎和咽喉炎。

5）隔热罩。隔热罩由铝箔隔热布和玻璃头盔组成，对辐射热反射效果好，质地柔软，防水，耐老化。

2. 眼面部防护用品的选择和使用

（1）防固体碎屑的防护眼镜或面罩，主要用于防御金属或砂石碎屑等对眼睛的机械损伤，用于高低压带电作业、研磨、切割、钻凿、木工、爆破、操纵转动机械等作业。

（2）防化学溶液的防护眼镜或面罩，主要用于防御有刺激性或腐蚀性溶液对眼睛和面部的化学损伤，用于吸入性气溶胶毒性作业、沥青烟雾、矿尘、石棉尘作业以及腐蚀性作业。

（3）防辐射的防护眼镜或面罩，主要用于防御过强的紫外线等辐射对眼睛的伤害，用于高温作业、放射性矿物冶炼、核废料或核事故处理等作业。

（4）防打击面罩，多用于车、铣、刨、磨、凿岩等作业。

（5）焊接护目镜或面罩，适用于各种强光作业，以防弧光、电焊弧对眼面部伤害。

（6）防烟尘毒气面罩，适用于毒气较小的作业。

（7）隔热罩，适用于消防、冶金、玻璃、陶瓷及热处理等作业。

四、防坠落用品的使用与管理

防坠落用品主要是安全带和安全绳。

1. 安全带的性能要求

（1）材料要求。安全带必须用锦纶、维纶、蚕丝等具有一定强度的材料制成。此外，用于制作安全带的材料还应具有质量轻、耐磨、耐腐蚀、吸水率低和耐高温、抗老化等特点。例如，电工围杆带可用黄牛皮制成。金属配件用普通碳素钢、合金铝等具有一定强度的材料制成。包裹绳子的绳套要用皮革、人造革、维纶或橡胶等耐磨抗老化的材料制成。电焊时使用的绳套应阻燃。

（2）外观、结构和尺寸要求。腰带必须是一条整带，宽度为40～50 mm，长度不小于1 300 mm；安全绳的直径应不小于13 mm，吊绳、安全钩或一端加钩，另一端压股扦花，电焊工用绳须全部加套，其他悬挂绳可部分加套，吊绳不必加套；金属配件表面光洁，不得有尖刺麻点、裂纹、夹渣、气孔；边缘要呈圆弧列，表面必须防锈，金属圆环、半圆环、三角环、8字环、品字环、三道联不许焊接，边缘要呈圆弧形；护腰带宽度不小于80 mm，长度必须保持在600～700 mm之间，接触部分应垫有柔软材料，外层用织带或轻革包好，边缘圆滑无尖角；安全带各部分（如腰带、胸带、背带、护腰带、腿带、胯带、带箍等）均应用同一材料制作，线缝均匀，材质一致，颜色一致；安全钩要有自锁装置（铁路调车员带除外），自锁钩用在钢丝绳上，金属钩的钩舌弹簧有效复原次数不小于2万次，钩舌与钩体咬口平整，不能偏斜。

2. 安全带的使用应注意事项

（1）应当检查安全带是否经质检部门检验合格，在使用前应仔细检查各部分构件是否完好无损。

（2）使用安全带时，围杆绳上要有保护套，不允许在地面上拖着绳走，以免损伤绳套影响主绳。使用安全绳时不允许打结，并且在安全绳的使用过程中不能随意将绳子加长，这样会有潜在的危险。

（3）架子工单腰带一般使用短绳比较安全。如需使用长绳，选用双背式安全带比较安全。悬挂安全带不得低挂，应高挂低用或水平悬挂，并应防止安全带的摆动、碰撞，避开尖锐物体。

（4）不得私自拆换安全带上的各种配件，更换新件时，应选择合格的配件。单独使用3 m以上的长绳时应考虑补充措施。如在绳上加缓冲器、自锁钩或速差式自控器等。缓冲器、自锁钩或速差式自控器可以单独使用，也可以联合使用。

（5）作业时应将安全带的钩、环牢固地挂在系留点上，卡好各个卡子并关好保险装置，以防脱落。

（6）低温环境中使用安全带时，应注意防止安全绳变硬割裂。

3. 安全带的选用

（1）应选用经检验合格的安全带产品。使用和采购之前应检查安全带的外观和结构，检查部件是否齐全和完整，有无损伤，金属配件是否符合要求，产品和包装上有无合格标志，是否存在影响产品质量的其他缺陷，发现产品损坏或规格不符合要求时，应及时调换或停止使用。

（2）安全带的金属配件的各个环节不得是焊接件，边缘要光滑，产品上应有“安全认证”标志。根据工作性质和国家相关规定，正确选用适用的安全带型号。

4. 安全带的保管养护

（1）安全带应储藏在干燥、通风的仓库内，不准接触明火、高温、强酸、强碱和尖利硬物，也不能暴晒。搬动时不能用带钩刺的工具，运输过程中要防止日晒雨淋，不可折叠。金属部件应涂上机油，以防生锈。

（2）对于使用频繁的安全绳应经常做外观检查，如发现异常应及时更换新绳，并加绳套。

（3）安全带使用2年后，应做一次抽查，围杆带以2 206 N静负荷5 min为标准，若带无破裂则可继续使用。悬挂安全带应用80 kg重的沙人自由坠落1 m高进行冲击试验，若不断则可继续使用。安全带使用期为3～5年，若发现异常情况应提前报废。

5. 安全绳的维护与保养

（1）每条绳子都应有详细的使用记录。每次使用后做简明扼要的记录。

（2）使用绳子时，不要让它接触地面，绝对禁止踩绳子。最好放在一种可以完全摊平的绳袋上，以减少砂石进入绳子里慢慢地割断绳皮或绳芯纤维的机会。

（3）尽量避免将绳子拉过粗糙或尖锐的地形。做岩降时，要将绳子和岩角接触的部分用布或绳套套住。

（4）绳子不可直接绑在树上或直接挂进钩环，也不要将两条绳子挂进同一个钩环（双绳例外），因为绳子会互磨，摩擦对绳子伤害很大。

（5）要正确地岩降，高速下降产生的温度会破坏绳皮。跳跃式的垂降，则会对固定点和绳子造成非常大且不必要的负荷。

（6）每次使用后要用手检查绳子，感受绳子上的异常处。例如，某处突然扁下去，和其他地方粗细感不同，或某一段特别松弛等。

（7）绳子应定期清洗，用冷水和中性清洁剂稍微浸泡一下，之后不断地搅拌，让绳子各处都能洗到。特别脏的地方，用软刷轻轻地刷洗。多换几次水，确定所有清洁剂都冲掉了，再将它摊开在地上或吊起来，置于阴凉通风处自然干燥，不能暴晒。

第三节　劳动防护用品相关法律法规规定

一、《安全生产法》相关规定

第十八条　生产经营单位应当具备的安全生产条件所必需的资金投入，由生产经营单位的决策机构、主要负责人或者个人经营的投资人予以保证，并对由于安全生产所必需的资金投入不足导致的后果承担责任。

第二十八条　生产经营单位应当在有较大危险因素的生产经营场所和有关设施、设备上，设置明显的安全警示标志。

第二十九条　安全设备的设计、制造、安装、使用、检测、维修、改造和报废，应当符合国家标准或者行业标准。

生产经营单位必须对安全设备进行经常性维护、保养，并定期检测，保证正常运转。维护、保养、检测应当做好记录，并由有关人员签字。

第八十三条　生产经营单位有下列行为之一的，责令限期改正；逾期未改正的，责令停止建设或者停产停业整顿，可以并处五万元以下的罚款；造成严重后果，构成犯罪的，依照刑法有关规定追究刑事责任：

（一）矿山建设项目或者用于生产、储存危险物品的建设项目没有安全设施设计或者安全设施设计未按照规定报经有关部门审查同意的；

（二）矿山建设项目或者用于生产、储存危险物品的建设项目的施工单位未按照批准的安全设施设计施工的；

（三）矿山建设项目或者用于生产、储存危险物品的建设项目竣工投入生产或者使用前，安全设施未经验收合格的；

（四）未在有较大危险因素的生产经营场所和有关设施、设备上设置明显的安全警示标志的；

（五）安全设备的安装、使用、检测、改造和报废不符合国家标准或者行业标准的；

（六）未对安全设备进行经常性维护、保养和定期检测的；

（七）未为从业人员提供符合国家标准或者行业标准的劳动防护用品的；

（八）特种设备以及危险物品的容器、运输工具未经取得专业资质的机构检测、检验合格，取得安全使用证或者安全标志，投入使用的；

（九）使用国家明令淘汰、禁止使用的危及生产安全的工艺、设备的。

二、《职业病防治法》相关规定

第二十二条 用人单位应当保障职业病防治所需的资金投入，不得挤占、挪用，并对因资金投入不足导致的后果承担责任。

第七十三条 用人单位违反本法规定，未提供职业病防护设施和个人使用的职业病防护用品，或者提供的职业病防护设施和个人使用的职业病防护用品不符合国家职业卫生标准和卫生要求的，由安全生产监督管理部门给予警告，责令限期改正，逾期不改正的，处五万元以上二十万元以下的罚款；情节严重的，责令停止产生职业病危害的作业，或者提请有关人民政府按照国务院规定的权限责令关闭。

三、《劳动防护用品监督管理规定》相关规定

第十四条 生产经营单位应当按照《劳动防护用品选用规则》(GB 11651) 和国家颁发的劳动防护用品配备标准以及有关规定，为从业人员配备劳动防护用品。

第十五条 生产经营单位应当安排用于配备劳动防护用品的专项经费。

生产经营单位不得以货币或者其他物品替代应当按规定配备的劳动防护用品。

第十六条 生产经营单位为从业人员提供的劳动防护用品，必须符合国家标准或者行业标准，不得超过使用期限。

生产经营单位应当督促、教育从业人员正确佩戴和使用劳动防护用品。

第十七条 生产经营单位应当建立健全劳动防护用品的采购、验收、保管、发放、使用、报废等管理制度。

第十八条 生产经营单位不得采购和使用无安全标志的特种劳动防护用品；购买的特种劳动防护用品须经本单位的安全生产技术

部门或者管理人员检查验收。

第十九条　从业人员在作业过程中，必须按照安全生产规章制度和劳动防护用品使用规则，正确佩戴和使用劳动防护用品；未按规定佩戴和使用劳动防护用品的，不得上岗作业。

第二十条　安全生产监督管理部门、煤矿安全监察机构依法对劳动防护用品使用情况和特种劳动防护用品安全标志进行监督检查，督促生产经营单位按照国家有关规定为从业人员配备符合国家标准或者行业标准的劳动防护用品。

第二十一条　安全生产监督管理部门、煤矿安全监察机构对有下列行为之一的生产经营单位，应当依法查处：

（一）不配发劳动防护用品的；

（二）不按有关规定或者标准配发劳动防护用品的；

（三）配发无安全标志的特种劳动防护用品的；

（四）配发不合格的劳动防护用品的；

（五）配发超过使用期限的劳动防护用品的；

（六）劳动防护用品管理混乱，由此对从业人员造成事故伤害及职业危害的；

（七）生产或者经营假冒伪劣劳动防护用品和无安全标志的特种劳动防护用品的；

（八）其他违反劳动防护用品管理有关法律、法规、规章、标准的行为。

第二十二条　特种劳动防护用品安全标志管理机构及其工作人员应当坚持公开、公平、公正的原则，严格审查、核发安全标志，并应接受安全生产监督管理部门、煤矿安全监察机构的监督。

第二十三条　生产经营单位的从业人员有权依法向本单位提出配备所需劳动防护用品的要求；有权对本单位劳动防护用品管理的违法行为提出批评、检举、控告。

安全生产监督管理部门、煤矿安全监察机构对从业人员提出的批评、检举、控告，经查实后应当依法处理。

第二十四条 生产经营单位应当接受工会的监督。工会对生产经营单位劳动防护用品管理的违法行为有权要求纠正，并对纠正情况进行监督。

第二十五条 生产经营单位未按国家有关规定为从业人员提供符合国家标准或者行业标准的劳动防护用品，有本规定第二十一条第（一）（二）（三）（四）（五）（六）项行为的，安全生产监督管理部门或者煤矿安全监察机构责令限期改正；逾期未改正的，责令停产停业整顿，可以并处5万元以下的罚款；造成严重后果，构成犯罪的，依法追究刑事责任。

第二十六条 生产或者经营劳动防护用品的企业或者单位有本规定第二十一条第（七）（八）项行为的，安全生产监督管理部门或者煤矿安全监察机构责令停止违法行为，可以并处3万元以下的罚款。

四、《特种劳动防护用品目录》

一、头部护具类

安全帽

二、呼吸护具类

防尘口罩

过滤式防毒面具

自给式空气呼吸器

长管面具

三、眼（面）护具类

焊接眼面防护具

防冲击眼护具

四、防护服类

阻燃防护服

防酸工作服

防静电工作服

五、防护鞋类

保护足趾安全鞋

防静电鞋、导电鞋

防刺穿鞋

胶面防砸安全靴

电绝缘鞋

耐酸碱皮鞋

耐酸碱胶靴

耐酸碱塑料模压靴

六、防坠落护具类

安全带

安全网

密目式安全立网

五、《个体防护装备选用规范》(GB/T 11651—2008)

1　范围

本标准规定了个体防护装备选用的原则和要求。

本标准适用于各生产经营单位和个人选用个体防护装备。

2　规范性引用文件

下列文件中的条款通过本标准的引用而成为本标准的条款。凡是注明日期的引用文件，其随后所有的修改单（不包括勘误的内容）或修订版均不适用于本标准，然而，鼓励根据本标准达成协议的各方研究是否可使用这些文件的最新版本。凡是不注日期的引用文件，其最新版本适用于本标准。

GB/T 12903—2008 个体防护装备术语。

3　术语和定义

GB/T 12903—2008 确立的以及下列术语和定义适用于本标准。

3.1　个体防护装备 Personal Protective Equipment（PPE）

从业人员为防御物理、化学、生物等外界因素伤害所穿戴、配备和使用的各种护品的总称。

注：在生产作业场所穿戴、配备和使用的劳动防护用品也称个体防护装备。

3.2　防护性能 Protective Properties

防御物理、化学、生物等有害因素，保护作业人员安全与健康的能力。

3.3　有效防护最低指标 Minimum Effective Protection Requirement

个体防护装备所具有的最低防护能力。

3.4　有效使用期 Effective Duration

到达有效防护功能最低指标的使用时间。

3.5　冒顶片帮 Roof Fall Rib Spalling

矿井、隧道、涵洞开挖、衬砌过程中因开挖或支护不当，造成顶部或侧壁大面积的垮塌。

注：工作面、侧壁坍塌称为片帮，顶部垮落称为冒顶，二者常同时发生。

3.6　WBGT 指数（WBGT-index）

表示人体接触生产环境热强度的一个经验指数。

注：WBGT 指数亦称为湿球黑球温度（℃），它采用了自然湿球温度、黑球温度和干球温度三种参数，并由式（1）、式（2）计算而得。

室内作业：

$$WBGT=0.7t_{nw}+0.3t_{g} \qquad (1)$$

室外作业：

$$WBGT=0.7t_{nw}+0.2t_{g}+0.1t_{a} \qquad (2)$$

式中 t_{nw}——自然湿球温度；

t_g——黑球温度；

t_a——干球温度。

4 作业类别

4.1 按照工作环境中主要危险特征及工作条件特点分为 39 种作业类别，见表 1。

表 1 作业类别及主要危险特征举例

编号	作业类别	说明	可能造成的事故类型	举例
A01	存在物体坠落、撞击的作业	物体坠落或横向上可能有物体相撞的作业	物体打击与碰撞	建筑安装、桥梁建设、采矿、钻探、造船、起重、森林采伐
A02	有碎屑飞溅的作业	加工过程中可能有切削飞溅的作业		破碎、锤击、铸件切削、砂轮打磨、高压流体
A03	操作转动机械作业	机械设备运行中引起的绞、碾等伤害的作业	机械伤害	机床、传动机械
A04	接触锋利器具作业	生产中使用的生产工具或加工产品易对操作者产生割伤、刺伤等伤害的作业		金属加工的打毛清边、玻璃装配与加工
A05	地面存在尖利器物的作业	工作平面上可能存在对工作者脚部或腿部产生刺伤伤害的作业	其他	森林作业、建筑工地
A06	手持振动机械作业	生产中使用手持振动工具，直接作用于人的手臂系统的机械振动或冲击作业	机械伤害	风钻、风铲、油锯
A07	人承受全身振动的作业	承受振动或处于不易忍受的振动环境中的作业		田间机械作业驾驶、林业作业

续表

编号	作业类别	说明	可能造成的事故类型	举例
A08	铲、装、吊、推机械操作作业	各类活动范围较小的重型采掘、建筑、装载起重设备的操作与驾驶作业	其他运输工具伤害	操作铲机、推土机、装卸机、天车、龙门吊、塔吊、单臂起重机等机械
A09	低压带电作业	额定电压小于1 kV的带电操作作业	电流伤害	低压设备或低压线带电维修
A10	高压带电作业	额定电压大于或等于1 kV的带电操作作业		高压设备或高压线路带电维修
A11	高温作业	在生产劳动过程中，其工作地点平均WBGT指数等于或大于25℃的作业，如：热的液体、气体对人体的烫伤，热的固体与人体接触引起的灼伤，火焰对人体的烧伤以及炽热源的热辐射对人体的伤害	热烧灼	熔炼、浇注、热轧、锻造、炉窑作业
A12	易燃易爆场所作业	易燃易爆品失去控制的燃烧引发火灾	火灾	接触火工材料、易挥发易燃的液体及化学品、可燃性气体的作业，如汽油、甲烷等
A13	可燃性粉尘场所作业	工作场所中存有常温、常压下可燃固体物质粉尘的作业	化学爆炸	接触可燃性化学粉尘的作业，如铝镁粉等
A14	高处作业	坠落高度基准面大于2 m的作业	坠落	室外建筑安装、架线、高崖作业、货物堆砌

续表

编号	作业类别	说明	可能造成的事故类型	举例
A15	井下作业	存在矿山工作面、巷道侧壁的支护不当、压力过大造成的坍塌或顶板坍塌，以及高势能水意外流向低势能区域的作业	冒顶片帮、透水	井下采掘、运输、安装
A16	地下作业	进行地下管网的铺设及地下挖掘的作业		地下开拓建筑安装
A17	水上作业	有落水危险的水上作业	影响呼吸	水上作业平台、水上运输、木材水运、水产养殖与捕捞
A18	潜水作业	需潜入水面以下的作业		水下采集、救捞、水下养殖、水下勘查、水下建造、焊接与切割
A19	吸入性气相毒物作业	工作场所中存有常温、常压下呈气体或蒸汽状态、经呼吸道吸入能产生毒害物质的作业	毒物伤害	接触氯气、一氧化碳、硫化氢、氯乙烯、光气、汞的作业
A20	密闭场所作业	在空气不流通的场所中作业，包括在缺氧即空气中含氧浓度小于18%和毒气、有毒气溶胶超过标准并不能排除等场所中作业	影响呼吸	密闭的罐体、房仓、孔道或排水系统、炉窑、存放耗氧器具或生物体进行耗氧过程的密闭空间
A21	吸入性气溶胶毒物作业	工作场所中存有常温、常压下呈气溶胶状态，经呼吸道吸入能产生毒害物质的作业	毒物伤害	接触铝、铬、铍、锰、镉等有毒金属及其化合物的烟雾和粉尘、沥青烟雾、硅尘、石棉尘及其他有害的动（植）物性粉尘的作业

续表

编号	作业类别	说明	可能造成的事故类型	举例
A22	沾染性毒物作业	工作场所中存有能黏附于皮肤、衣物上，经皮肤吸收产生伤害或对皮肤产生毒害物质的作业		接触有机磷农药、有机汞化合物、苯和苯的二及三硝基化合物、放射性物质的作业
A23	生物性毒物作业	工作场所中有感染或吸收生物毒素危险的作业		有毒性动植物养殖、生物毒素培养制剂、带菌或含有生物毒素的制品加工处理、腐烂物品处理、防疫检验
A24	噪声作业	声级大于 85 dB 的环境中的作业	其他	风钻、气锤、铆接、钢筒内的敲击或铲锈
A25	强光作业	强光源或产生强烈红外辐射和紫外辐射的作业		弧光、电弧焊、炉窑作业
A26	激光作业	激光发射与加工的作业		激光加工金属、激光焊接、激光测量、激光通信
A27	荧光屏作业	长期从事荧光屏操作与识别的作业		计算机操作、电视机调试
A28	微波作业	微波发射与使用的作业	辐射伤害	微波调试、微波发射、微波加工与利用
A29	射线作业	产生电离辐射的、辐射剂量超过标准的作业		放射性矿物的开采、选矿、冶炼、加工、核废料或核事故处理、放射性物质使用、X射线检测
A30	腐蚀性作业	产生或使用腐蚀性物质的作业	化学灼伤	二氧化硫气体净化、酸洗、化学镀膜

续表

编号	作业类别	说明	可能造成的事故类型	举例
A31	易污作业	容易污秽皮肤或衣物的作业	其他	炭黑、染色、油漆、有关的卫生工程
A32	恶味作业	产生难闻气味或恶味不易清除的作业	影响呼吸	熬胶、恶臭物质处理与加工
A33	低温作业	在生产动过程中，其工作地点平均气温等于或低于5℃的作业	影响体温调节	冰库
A34	人工搬运作业	通过人力搬运，不使用机械或其他自动化设备的作业	其他	人力抬、扛、推、搬移
A35	野外作业	从事野外露天作业	影响体温调节	地质勘探、大地测量
A36	涉水作业	作业中需接触大量水或需立于水中	其他	矿井、隧道、水力采掘、地质钻探、下水工程、污水处理
A37	车辆驾驶作业	各类机动车辆驾驶的作业	车辆伤害	汽车驾驶
A38	一般性作业	无上述作业特征的普通作业	其他	自动化控制、缝纫、工作台上手工胶合与包装、精细装配与加工
A39	其他作业	A01～A38以外的作业		

4.2　实际工作中涉及多项作业特征的，为综合性作业。

5　个体防护装备的防护性能

常用个体防护装备的防护性能的说明，见表2。

表 2　　个体防护装备的防护性能的说明

编号	防护用品品类	防护性能说明
B01	工作帽	防止头部脏污、擦伤、长发被绞碾
B02	安全帽	防御物体对头部造成冲击、刺穿、挤压等伤害
B03	防寒帽	防御头部或面部冻伤
B04	防冲击安全头盔	防止头部遭受猛烈撞击，供高速车辆驾驶者佩戴
B05	防尘口罩（防颗粒物呼吸器）	用于空气中含氧19.5%以上的粉尘作业环境，防止吸入一般性粉尘，防御颗粒物（如毒烟、毒雾）等危害呼吸系统或眼面部
B06	防毒面具	使佩戴者呼吸器官与周围大气隔离，由肺部控制或借助机械力通过导气管引入清洁空气供人体呼吸
B07	空气呼吸器	防止吸入对人体有害的毒气、烟雾、悬浮于空气中的有害污染物或在缺氧环境中使用
B08	自救器	体积小、携带轻便，供矿工个人短时间内使用。当煤矿井下发生事故时，矿工佩戴它可以通过充满有害气体的井巷，迅速离开灾区
B09	防水护目镜	在水中使用，防御水对眼部的伤害
B10	防冲击护目镜	防御铁屑、灰砂、碎石等物体飞溅对眼部产生的伤害
B11	防微波护目镜	屏蔽或衰减微波辐射，防御对眼部的微波伤害
B12	防放射性护目镜	防御X、Y射线，电子流等电离辐射物质对眼部的伤害
B13	防强光、紫外线、红外线护目镜或面罩	防止可见光、红外线、紫外线中的一种或几种对眼、面的伤害
B14	防激光护目镜	以反射、吸收、光化等作用衰减或消除激光对人眼的危害
B15	焊接面罩	防御有害弧光、熔融金属飞溅或粉尘等有害因素对眼睛、面部（含颈部）的伤害
B16	防腐蚀液护目镜	防御酸、碱等有腐蚀性化学液体飞溅对人眼产生的伤害

续表

编号	防护用品品类	防护性能说明
B17	太阳镜	阻挡强烈的日光及紫外线，防止刺眼光线及炫目光线，提高视觉清晰度
B18	耳塞	防护暴露在强噪声环境中工作人员的听力受到损伤
B19	耳罩	适用于暴露在强噪声环境中的工作人员，保护听觉、避免噪声过度刺激，不适宜戴耳塞时使用
B20	防寒手套	防止手部冻伤
B21	防化学品手套	具有防毒性能，防御有毒物质伤害手部
B22	防微生物手套	防御微生物伤害手部
B23	防静电手套	防止静电积聚引起的伤害
B24	焊接手套	防御焊接作业的火花、熔融金属、高温金属、高温辐射对手部的伤害
B25	防放射性手套	具有防放射性性能，防御手部免受放射性伤害
B26	耐酸碱手套	用于接触酸（碱）时戴用，也适用于农、林、牧、渔各行业一般操作时戴用
B27	耐油手套	保护手部皮肤避免受油脂类物质的刺激
B28	防昆虫手套	防止手部遭受昆虫叮咬
B29	防振手套	具有衰减振动性能，保护手部免受振动伤害
B30	防机械伤害手套	保护手部免受磨损、切割、刺穿等机械伤害
B31	绝缘手套	使作业人员的手部与带电物体绝缘，免受电流伤害
B32	防水胶靴	防水、防滑和耐磨，适合工矿企业职工穿用
B33	防寒鞋	鞋体结构与材料都具有防寒保暖作用，防止脚部冻伤
B34	隔热阻燃鞋	防御高温、熔融金属火花和明火等伤害
B35	防静电鞋	鞋底采用静电材料，能及时消除人体静电积累
B36	防化学品鞋（靴）	在有酸、碱及相关化学品作业中穿用，用各种材料或者复合型材料制成，保护脚或腿防止化学飞溅所带来的伤害
B37	耐油鞋	防止油污污染，适合脚部接触油类的作业人员

续表

编号	防护用品品类	防护性能说明
B38	防振鞋	衰减振动，防御振动伤害
B39	防砸鞋（靴）	保护足趾免受冲击或挤压伤害
B40	防滑鞋	防止滑倒，用于登高或在油渍、钢板、冰上等湿滑地面上行走
B41	防刺穿鞋	矿上、消防、工厂、建筑、林业等部门使用的防足底刺伤
B42	绝缘鞋	在电气设备上工作时作为辅助安全用具，防触电伤害
B43	耐酸碱鞋	用于涉及酸、碱的作业，防止酸、碱对足部造成伤害
B44	矿工靴	保护矿工在井下免受足部伤害
B45	焊接防护鞋	防御焊接作业的火花、熔融金属、高温金属、高温辐射对足部的伤害
B46	一般防护服	以织物为面料，采用缝制工艺制作的，起一般性防护作用
B47	防尘服	透气（湿）性织物或材料制成的防止一般性粉尘对皮肤的伤害，能防止静电积聚
B48	防水服	以防水橡胶涂覆织物为面料，防御水透过和漏入
B49	水上作业服	防止落水沉溺、便于救助
B50	潜水服	用于潜水作业
B51	防寒服	具有保暖性能，用于冬季室外作业职工或常年低温环境作业职工的防寒
B52	化学品防护服	防止危险化学品的飞溅和与人体接触对人体造成的危害
B53	阻燃防护服	用于作业人员从事有明火、散发火花、在熔融金属附近操作有辐射热和对流热的场合以及在有易燃物质并有着火危险的场所穿用，在接触火焰及炽热物体后，一定时间内能阻止本身被点燃、有焰燃烧和阴燃

续表

编号	防护用品品类	防护性能说明
B54	防静电服	能及时消除本身静电积聚危害，用于可能引发电击、火灾及爆炸危险场所穿用
B55	焊接防护服	用于焊接作业，防止作业人员遭受熔融金属飞溅及其热伤害
B56	白帆布类隔热服	防止一般性热辐射伤害
B57	镀反射膜类隔热服	防止高热物质接触或强烈热辐射伤害
B58	热防护服	防御高温、高热、高湿度
B59	防放射性服	具有防放射性性能
B60	防酸（碱）服	用于从事酸（碱）作业人员穿用，具有防酸（碱）性能
B61	防油服	防御油污污染
B62	救生衣（圈）	防止落水沉溺，便于救助
B63	带电作业屏蔽服	在10～500 kV电气设备上进行带电作业时，防护人体免受高压电场及电磁波的影响
B64	绝缘服	可防7 000 kV以下高电压，用于带电作业时的身体防护
B65	防电弧服	碰到电弧爆炸或火焰的状况下，服装面料纤维会膨胀变厚，关闭布面的空隙，将人体与热隔绝并增加能源防护屏障，以致将伤害程度减至最低
B66	棉布工作服	有烧伤危险时穿用，防止烧伤伤害
B67	安全带	用于高处作业、攀登及悬吊作业，保护对象为体重及负重之和最大100 kg的使用者。可减小从高处坠落时产生的冲击力、防止坠落者与地面或其他障碍物碰撞，有效控制整个坠落距离
B68	安全网	用来防止人、物坠落，或用来避免、减轻坠落物及物击伤害
B69	劳动护肤剂	涂抹在皮肤上，能阻隔有害因素

续表

编号	防护用品品类	防护性能说明
B70	普通防护装备	普通防护服、普通工作帽、普通工作鞋、劳动防护手套、雨衣、普通胶靴
B71	其他零星防护用品	如披肩帽、鞋罩、围裙、套袖等。防尘、阻燃、防酸、防碱等
B72	多功能防护装备	同时具有多种防护功能的防护用品

6　选用

6.1　根据作业类别可以或建议佩戴的个体防护装备（见表3）。

表3　　个体防护装备的选用

作业类别		可以使用的防护用品	建议使用的防护用品
编号	类别名称		
A01	存在物体坠落、撞击的作业	B02 安全帽 B39 防砸鞋（靴） B41 防刺穿鞋 B68 安全网	B40 防滑鞋
A02	有碎屑飞溅的作业	B02 安全帽 B10 防冲击护目镜 B46 一般防护服	B30 防机械伤害手套
A03	操作转动机械作业	B01 工作帽 B10 防冲击护目镜 B71 其他零星防护用品	
A04	接触锋利器具作业	B30 防机械伤害手套 B46 一般防护服	B02 安全帽 B39 防砸鞋（靴） B41 防刺穿鞋
A05	地面存在尖利器物的作业	B41 防刺穿鞋	B02 安全帽

续表

作业类别			可以使用的防护用品	建议使用的防护用品
编号	类别名称			
A06	手持振动机械作业		B18 耳塞 B19 耳罩 B29 防振手套	B38 防振鞋
A07	人承受全身振动的作业		B38 防振鞋	
A08	铲、装、吊、推机械操作作业		B02 安全帽 B46 一般防护服	B05 防尘口罩（防颗粒物呼吸器） B10 防冲击护目镜
A09	低压带电作业（1 kV 以下）		B31 绝缘手套 B42 绝缘鞋 B64 绝缘服	B02 安全帽（带电绝缘性能） B10 防冲击护目镜
A10	高压带电作业	在 1～10 kV 带电设备上进行作业时	B02 安全帽（带电绝缘性能） B31 绝缘手套 B42 绝缘鞋 B64 绝缘服	B10 防冲击护目镜 B63 带电作业屏蔽服 B65 防电弧服
		在 10～500 kV 带电设备上进行作业时	B63 带电作业屏蔽服	B13 防强光、紫外线、红外线护目镜或面罩
A11	高温作业		B02 安全帽 B13 防强光、紫外线、红外线护目镜或面罩 B34 隔热阻燃鞋 B56 白帆布类隔热服 B58 热防护服	B57 镀反射膜类隔热服 B71 其他零星防护用品
A12	易燃易爆场所作业		B23 防静电手套 B35 防静电鞋 B52 化学品防护服 B53 阻燃防护服 B54 防静电服 B66 棉布工作服	B05 防尘口罩（防颗粒物呼吸器） B06 防毒面具 B47 防尘服

续表

<table>
<tr><th colspan="2">作业类别</th><th rowspan="2">可以使用的防护用品</th><th rowspan="2">建议使用的防护用品</th></tr>
<tr><th>编号</th><th>类别名称</th></tr>
<tr><td>A13</td><td>可燃性粉尘场所作业</td><td>B05 防尘口罩（防颗粒物呼吸器）
B23 防静电手套
B35 防静电鞋
B54 防静电服
B66 棉布工作服</td><td>B47 防尘服
B53 阻燃防护服</td></tr>
<tr><td>A14</td><td>高处作业</td><td>B02 安全帽
B67 安全带
B68 安全网</td><td>B40 防滑鞋</td></tr>
<tr><td>A15</td><td>井下作业</td><td rowspan="2">B02 安全帽
B05 防尘口罩（防颗粒物呼吸器）
B06 防毒面具
B08 自救器
B18 耳塞
B23 防静电手套
B29 防振手套
B32 防水胶靴
B39 防砸鞋（靴）
B40 防滑鞋
B44 矿工靴
B48 防水服
B53 阻燃防护服</td><td rowspan="2">B19 耳罩
B41 防刺穿鞋</td></tr>
<tr><td>A16</td><td>地下作业</td></tr>
<tr><td>A17</td><td>水上作业</td><td>B32 防水胶靴
B49 水上作业服
B62 救生衣（圈）</td><td>B48 防水服</td></tr>
<tr><td>A18</td><td>潜水作业</td><td>B50 潜水服</td><td></td></tr>
<tr><td>A19</td><td>吸入性气相毒物作业</td><td>B06 防毒面具
B21 防化学品手套
B52 化学品防护服</td><td>B69 劳动护肤剂</td></tr>
</table>

续表

作业类别		可以使用的防护用品	建议使用的防护用品
编号	类别名称		
A20	密闭场所作业	B06 防毒面具（供气或携气） B21 防化学品手套 B52 化学品防护服	B07 空气呼吸器 B69 劳动护肤剂
A21	吸入性气溶胶毒物作业	B01 工作帽 B06 防毒面具 B21 防化学品手套 B52 化学品防护服	B05 防尘口罩（防颗粒物呼吸器） B69 劳动护肤剂
A22	沾染性毒物作业	B01 工作帽 B06 防毒面具 B16 防腐蚀液护目镜 B21 防化学品手套 B52 化学品防护服	B05 防尘口罩（防颗粒物呼吸器） B69 劳动护肤剂
A23	生物性毒物作业	B01 工作帽 B05 防尘口罩（防颗粒物呼吸器） B16 防腐蚀液护目镜 B22 防微生物手套 B52 化学品防护服	B69 劳动护肤剂
A24	噪声作业	B18 耳塞	B19 耳罩
A25	强光作业	B13 防强光、紫外线、红外线护目镜或面罩 B15 焊接面罩 B22 焊接手套 B45 焊接防护鞋 B55 焊接防护服 B56 白帆布类隔热服	

续表

作业类别		可以使用的防护用品	建议使用的防护用品
编号	类别名称		
A26	激光作业	B14 防激光护目镜	B59 防放射性服
A27	荧光屏作业	B11 防微波护目镜	B59 防放射性服
A28	微波作业	B11 防微波护目镜 B59 防放射性服	
A29	射线作业	B12 防放射性护目镜 B25 防放射性手套 B59 防放射性服	
A30	腐蚀性作业	B01 工作帽 B16 防腐蚀液护目镜 B26 耐酸碱手套 B43 耐酸碱鞋 B60 防酸（碱）服	B36 防化学品鞋（靴）
A31	易污作业	B01 工作帽 B06 防毒面具 B05 防尘口罩（防颗粒物呼吸器） B26 耐酸碱手套 B35 防静电鞋 B46 一般防护服 B52 化学品防护服	B27 耐油手套 B37 耐油鞋 B61 防油服 B69 劳动护肤剂 B71 其他零星防护用品
A32	恶味作业	B01 工作帽 B06 防毒面具 B46 一般防护服	B07 空气呼吸器 B71 其他零星防护用品
A33	低温作业	B03 防寒帽 B20 防寒手套 B33 防寒鞋 B51 防寒服	B19 耳罩 B69 劳动护肤剂

续表

作业类别		可以使用的防护用品	建议使用的防护用品
编号	类别名称		
A34	人工搬运作业	B02 安全帽 B30 防机械伤害手套 B68 安全网	B40 防滑鞋
A35	野外作业	B03 防寒帽 B17 太阳镜 B28 防昆虫手套 B32 防水胶靴 B33 防寒鞋 B48 防水服 B51 防寒服	B10 防冲击护目镜 B40 防滑鞋 B69 劳动护肤剂
A36	涉水作业	B09 防水护目镜 B32 防水胶靴 B48 防水服	
A37	车辆驾驶作业	B04 防冲击安全头盔 B46 一般防护服	B10 防冲击护目镜 B13 防强光、紫外线、红外线护目镜或面罩 B17 太阳镜 B30 防机械伤害手套
A38	一般性作用		B46 一般防护服 B70 普通防护装备
A39	其他作业		

6.2 综合性作业需根据作业特点选择多功能防护装备。

6.3 在选择各种防护用品时，除本标准外，还应参考相应的选用规范，遵守国家相应的法律法规要求，并根据实际作业情况选择个体防护装备。

7 判废规定

7.1　判废条件

当出现下列情况之一时，即予判废，包括：

a）所选用的个体防护装备技术指标不符合国家相关标准或行业标准；

b）所选用的个体防护装备与所从事的作业类型不匹配；

c）个体防护装备产品标识不符合产品要求或国家法律法规的要求；

d）个体防护装备在使用或保管贮存期内遭到破损或超过有效使用期；

e）所选用的个体防护装备经定期检验和抽查为不合格；

f）当发生使用说明中规定的其他报废条件时。

7.2　判废程序

7.2.1　按照附录A中的个体防护装备判废程序进行判废。

7.2.2　判废后的个体防护装备应立即封存，并建立封存记录。

第四章　积极参加安全生产教育培训和安全生产检查的责任

第一节　安全生产教育培训

《安全生产法》第二十一条规定："生产经营单位应当对从业人员进行安全生产教育和培训，保证从业人员具备必要的安全生产知识，熟悉有关的安全生产规章制度和安全操作规程，掌握本岗位的安全操作技能。未经安全生产教育和培训合格的从业人员，不得上岗作业。"安全生产教育培训是企业安全生产工作的重要内容，坚持安全生产教育培训制度，搞好对全体职工的安全生产教育和培训，对提高企业安全生产水平具有重要作用。

一、安全生产教育培训的目的

1. 统一思想，提高认识

通过教育和培训，把全厂职工的思想统一到"安全第一、预防为主、综合治理"的方针上来，使企业的经营管理者和各级领导真正把安全摆在"第一"的位置，在从事企业经营管理活动中坚持"五同时"的基本原则；使广大职工认识安全生产的重要性，从"要我安全"变为"我要安全""我会安全"，做到"三不伤害"，即"不伤害自己，不伤害他人，不被他人伤害"。提高企业自觉抵制"三违"现象的能力。

2. 提高企业的安全生产管理水平

安全生产管理包括对全体职工的安全管理，对设备、设施的安全技术管理和对作业环境的劳动卫生管理。通过安全生产教育培训，提高各级领导干部的安全生产政策水平，掌握有关安全生产法规、制度，学习应用先进的安全生产管理方法、手段，提高全体职工在各自工作范围内，对设备、设施和作业环境的安全生产管理能力。

3. 提高全体职工的安全知识水平和安全技能

安全知识包括对生产活动中存在的各类危险因素和危险源的辨识、分析、预防、控制知识。安全技能包括安全操作的技巧、紧急状态的应变能力以及事故状态的急救、自救和处理能力。通过安全生产教育培训，使广大职工掌握安全生产知识，提高安全操作水平，发挥自防自控的自我保护及相互保护作用，有效地防止事故。

鉴于企业经济实力和科技水平，设备、设施的安全状态尚未达到本质安全的程度，坚持不断地进行安全生产教育培训，减少和控制人的不安全行为，就显得尤为重要。

二、安全生产教育培训的特点

安全生产教育培训具有政策性、群众性、知识性和持久性的特点。

1. 政策性

安全生产教育培训必须坚持安全生产的方针政策，坚持社会主义市场经济条件下维护职工利益，贯彻党和国家的各项重大安全生产决策，并以国家有关法规、标准为依据，通过安全生产教育培训，提高企业全体职工，特别是企业各级领导者的政策水平。

2. 群众性

企业安全生产教育培训的对象是全体职工，包括各级领导和从事不同工作的每一个职工。只有全体职工都受到良好的安全生产教育培训，才能提高企业的整体安全素质。同时，每一次安全生产教育培训都要有明确的针对性，使受教育职工能够掌握必要的安全知识。

3. 知识性

安全生产教育培训的内容极其广泛，既包含社会科学的有关内容，如安全经济学、安全法学、安全管理学等，又包括自然科学的相关内容，如安全工程技术、职业卫生等，还包括各种生产作业的安全技能，如安全操作技能，事故的预防、预控、紧急处理和急救、自救等。

4. 持久性

为了巩固和强化广大职工的安全观念和动机，必须坚持持久的安全生产教育培训。另外，随着安全法规标准及安全技术的不断增多和更新，也要求安全生产教育培训必须深入持久地开展下去，起到警钟长鸣的作用。

三、安全生产教育培训的内容

安全生产教育培训的内容主要包括思想教育、法制教育、知识教育和技能训练。

1. 思想教育

主要是安全生产方针政策教育、形势任务教育和重要意义教育等。通过形式多样、丰富多彩的安全生产教育培训，使各级领导牢固地树立起“安全第一”的思想，正确处理各自业务范围内的安全与生产、安全与效益的关系，主动采取事故预防措施；通过安全生产教育培训提高全体职工的安全意识，激励其安全动机，自觉采取安全行为。

2. 法制教育

主要是法律法规教育、执法守法教育、权利义务教育等。通过安全生产教育培训，使企业的各级领导和全体职工知法、懂法、守法，以法规为准绳约束自己，履行自己的义务；以法规为武器维护自己的权利。

3. 知识教育

主要是安全管理、安全技术和劳动卫生知识教育。通过安全生产教育培训，使企业的经营管理者了解和掌握安全生产规律，熟悉自己业务范围内必需的安全生产管理理论和方法及相关的安全技术、劳动卫生知识，提高安全管理水平；使全体职工掌握各自必要的安全科学技术，提高企业的整体安全素质。

4. 技能训练

主要是针对各个不同岗位或工种的职工所必需的安全生产方法和手段的训练。例如，安全操作技能训练、危险预知训练、紧急状态事故处理训练、自救互救训练、消防演习、逃生救生训练等。通过训练，使职工掌握必备的安全生产技能与技巧。

四、安全生产教育培训的对象

1. 对生产经营单位主要负责人的教育培训

（1）基本要求。危险物品的生产、经营、储存单位以及矿山、建筑施工单位的主要负责人必须进行安全资格培训，经安全生产监督管理部门或法律法规规定的有关主管部门考核合格并取得安全资格证书后方可任职。其他单位主要负责人必须按照国家有关规定进行安全生产培训。所有单位主要负责人每年应进行安全生产再培训。

（2）培训的主要内容。包括以下几个方面：

1）国家有关安全生产的方针、政策、法律和法规及有关行业的规章、规程、规范和标准。

2）安全生产管理的基本知识、方法与安全生产技术，有关行业安全生产管理专业知识。

3）重大危险源管理、重大事故防范、应急管理和救援组织以及事故调查处理的有关规定。

4）职业危害及其预防措施。

5）国内外先进的安全生产管理经验。

6）典型事故和应急救援案例分析。

7）其他需要培训的内容。

（3）培训时间。危险物品的生产、经营、储存单位以及矿山、建筑施工单位主要负责人安全资格培训时间不得少于48学时；每年再培训时间不得少于16学时。其他单位主要负责人安全生产管理培训时间不得少于32学时；每年再培训时间不得少于12学时。

（4）再培训的主要内容。再培训的主要内容是新知识、新技术和新本领，包括：

1）有关安全生产的法律、法规、规章、规程、标准和政策。

2）安全生产的新技术、新知识。

3）安全生产管理经验。

4）典型事故案例。

2. 对安全生产管理人员的教育培训

（1）基本要求。危险物品的生产、经营、储存单位以及矿山、建筑施工单位的安全生产管理人员必须进行安全资格培训，经安全生产监督管理部门或法律法规规定的有关主管部门考核合格并取得安全资格证书后方可任职。其他单位安全生产管理人员必须按照国家有关规定进行安全生产培训。所有单位安全生产管理人员每年应进行安全生产再培训。

（2）培训的主要内容。包括以下几个方面：

1）国家有关安全生产的方针、政策及有关安全生产的法律、法规规章及标准。

2）安全生产管理知识、安全生产技术，职业卫生等知识。

3）伤亡事故统计、报告及职业危害的调查处理方法。

4）应急管理、应急预案编制以及应急处置的内容和要求。

5）国内外先进的安全生产管理经验。

6）典型事故和应急救援案例分析。

7）其他需要培训的内容。

（3）培训时间。危险物品的生产、经营、储存单位以及矿山、建筑施工单位安全生产管理人员安全资格培训时间不得少于48学时；每年再培训时间不得少于16学时。其他单位安全生产管理人员安全生产管理培训时间不得少于 32 学时；每年再培训时间不得少于 12 学时。

3. 对特种作业人员的教育培训

特种作业人员上岗前，必须进行专门的安全技术和操作技能的教育培训，增强其安全生产意识，获得证书后方可上岗。特种作业人员的培训实行全国统一培训大纲、统一考核教材、统一证件的制度。《特种作业人员安全技术培训考核管理规定》已经于 2010 年 4 月 26 日国家安全生产监督管理总局局长办公会议审议通过，并以安全生产监督管理总局令第 30 号公布，自 2010 年 7 月 1 日起施行。1999 年 7 月 12 日原国家经济贸易委员会发布的《特种作业人员安全技术培训考核管理办法》同时废止。根据国家特种作业目录，特种作业主要包括电工作业类 3 种、焊接与热切割作业类 3 种、高处作业类 2 种、制冷与空调作业类 2 种、煤矿安全作业类 10 种、金属非金属矿山作业类 8 种、石油天然气安全作业类 1 种、冶金（有色）生产安全作业类 1 种、危险化学品安全作业类 16 种、烟花爆竹安全作业类 5 种，以及由安全生产监督管理总局认定的其他作业。共 10 大类 51 个工种。

特种作业人员安全技术考核包括安全技术理论考试与实际操作技能考核两部分，以实际操作技能考核为主。《特种作业人员操作证》由国家统一印制，地、市级以上行政主管部门负责签发，全国通用。离开特种作业岗位达 6 个月以上的特种作业人员，应当重新进行实际操作考核，经确认合格后方可上岗作业。取得《特种作业人员操作证》者，每两年进行一次复审。连续从事本工种 10 年以上的，经用人单位进行知识更新教育后，每 4 年复审 1 次。复审的内容包括：健康检查，违章记录，安全新知识和事故案例教育，本工种安全知识考试。未按期复审或复审不合格者，其操作证自行失效。

4. 对生产经营单位其他从业人员的教育培训

生产经营单位其他从业人员（简称“从业人员”）是指除主要负

责人、安全生产管理人员和特种作业人员以外，该单位从事生产经营活动的所有人员，包括其他负责人、管理人员、技术人员和各岗位的工人，以及临时聘用的人员。

（1）新从业人员。对新从业人员应进行厂（矿）、车间（工段、区、队）、班组三级安全生产教育培训。新从业人员安全生产教育培训时间不得少于24学时，危险性较大的行业和岗位，新从业人员教育培训时间不得少于48学时。教育培训的内容主要包括以下几个方面：

1）厂（矿）级安全生产教育培训的内容主要是：安全生产基本知识；本单位安全生产规章制度；劳动纪律；作业场所和工作岗位存在的危险因素、防范措施及事故应急措施；有关事故案例等。

2）车间（工段、区、队）级安全生产教育培训的内容主要是：本车间（工段、区、队）安全生产状况和规章制度；作业场所和工作岗位存在的危险因素、防范措施及事故应急措施；事故案例等。

3）班组级安全生产教育培训的内容主要是：岗位安全操作规程；生产设备、安全装置、劳动防护用品（用具）的正确使用方法；事故案例等。

（2）调整工作岗位或离岗一年以上重新上岗的从业人员。从业人员调整工作岗位或离岗一年以上重新上岗时，应进行相应的车间（工段、区、队）级安全生产教育培训。企业实施新工艺、新技术或使用新设备、新材料时，应对从业人员进行有针对性的安全生产教育培训。

五、安全生产教育培训的形式

安全教育培训方法与一般教学方法一样，多种多样，各有特点。在实际应用中，要根据培训内容和培训对象灵活选择。安全生产教育培训可采用讲授法、实际操作演练法、案例研讨法、读书指导法、宣传娱乐法等。

安全生产教育培训应利用各种教育形式和教育手段，以生动活泼的方式，来实现安全生产目标。安全生产教育培训形式大体可分为以下几种：

1. 广告式

包括安全广告、标语、宣传画、标志、展览、黑板报等形式。它以精练的语言、醒目的方式，在醒目的地方展示，提醒人们注意安全和怎样才能安全。

2. 演讲式

包括教学、讲座、讲演、经验介绍、现身说法、演讲比赛等形式。可以是系统教学，也可以是专题讨论。用以丰富人们的安全知识，提高对安全生产的重视程度。

3. 会议讨论式

包括事故现场分析会、班前班后会、专题座谈会等。以集体讨论的形式，使与会者在参与过程中进行自我教育。

4. 竞赛式

包括口头、书面知识竞赛，安全、消防技能竞赛，以及其他各种安全生产活动评比等。激发人们学安全、懂安全、会安全的积极性，促使职工在竞赛活动中树立“安全第一”的思想，丰富安全知识，掌握安全技能。

5. 声像式

用电影、录像等现代手段，使安全生产教育培训寓教于乐。主要有安全方面的广播、电影、电视、录像等。

6. 文艺演出式

以安全为题材编写和演出的相声、小品、话剧等文艺演出的教育形式。

7. 学历教育

利用国家或企业办的大学、中专、技校，开办安全工程专业，或渗透于其他专业学科的安全课程。

六、几种重要的安全生产教育培训制度

要搞好企业安全生产教育培训，实现教育目的，必须建立健全一整套安全生产教育培训制度。目前，我国企业中所建立的安全生产教育培训制度主要有三级教育、特种作业人员教育、复工教育、安全技术管理干部和安全员教育、中层以上干部教育、班组长教育、工人复训教育等，以及相应的安全教育管理制度。

1. 三级安全生产教育培训制度

这是企业安全生产教育培训的基本制度。教育对象是新进厂人员，包括新进厂的工人、干部、学徒工、临时工、合同工、季节工、代培人员和实习人员。三级安全生产教育培训包括厂级、车间级和班组级。

（1）厂级安全生产教育培训。厂级安全生产教育培训由厂安全技术部门会同教育部门组织进行。主要内容是：党和国家安全生产方针、政策及主要法规标准，各项安全生产规章制度及劳动纪律，企业危险作业场所安全要求及有关防灾救护知识，典型事故案例介绍，伤亡事故报告处理及要求，个体防护用品的作用和使用要求，以及其他有关应知应会的安全内容。

（2）车间安全生产教育培训。车间安全生产教育培训由车间主任会同车间安全技术人员进行。主要内容是：本车间生产性质、特点及基本安全要求，生产工艺流程、危险部位及有关防灾救护知识，车间安全管理制度和劳动纪律，同类车间伤害事故介绍等。

（3）班组安全生产教育培训。班组安全生产教育培训由班组长会同安全员及带班师傅进行。主要内容是：班组工作任务、性质及基本安全要求，有关设备、设施的性能、安全特点及防护装置的作用与要求，岗位安全生产责任制度和安全操作规程，事故苗头或发生事故时的紧急处置措施，同类岗位伤亡事故及职业危害介绍，有关个体防护用品使用要求及保管知识，工作场所清洁卫生要求，以

及其他应知应会的安全内容。

2. 特种作业人员安全生产教育培训制度

特种作业是指容易发生事故，对操作者本人、他人的安全健康及设备、设施的安全可能造成重大危害的作业。根据《特种作业人员安全技术培训考核管理规定》，特种作业主要包括 10 大类，51 个工种。由于特种作业人员在劳动过程中担负着特殊任务，所承担的风险较大。一旦发生事故，便会给企业生产、职工生命安全带来较大损失。因此，对特种作业人员必须坚持进行专门的安全技术知识教育和安全操作技术训练，并经严格的考试。考试合格并取得特种作业安全操作许可证者，方可上岗工作。

特种作业人员的安全生产教育培训，一般采取按专业分批集中脱产、集体授课的方式进行。安全生产教育培训内容则根据不同工种、专业的具体特点和要求而定，但都应包括理论学习和实际训练两大部分。企业要建立“特种作业人员安全生产教育培训卡”档案。特种作业人员经理论及操作考试合格后，到有关部门办理领取操作证手续。之后，按国家规定定期履行复审手续。

3. 复工教育

指工伤复工教育和离岗复工教育。因工负伤痊愈之后复工，必须到安全技术部门接受复工教育，熟悉岗位工作情况，进一步吸取事故教训，稳定思想情绪，安全上岗。职工较长时间离开工作岗位，由于工作环境可能改变，或操作技术生疏，需要由所在车间会同安全技术人员进行一定的复工教育。离岗 3 个月以上 6 个月以下复工者，要重新进行岗位安全生产教育培训；离岗 6 个月以上复工者，重新进行车间、岗位安全生产教育培训。

4. 全员安全教育

这是面向企业全体干部、职工的定期安全生产教育培训。目的是全面落实企业的安全生产责任制，贯彻党和国家的安全生产方针、政策、法规、标准，不断增强“安全第一、预防为主、综合治理”

的思想，提高干部、职工的安全知识水平和安全技术素质。

5. 安全生产教育培训管理制度

为了按计划、有步骤地进行全员安全生产教育培训，保证教育培训质量，取得好的教育培训效果，真正有助于提高职工的安全意识和安全技术素质，就要做好安全生产教育培训管理工作。该项制度包括以下内容：

（1）结合企业实际情况，编制企业年度安全生产教育培训计划，每个季度应有教育培训重点，每月要有教育培训内容。计划要有明确的针对性，要适应企业安全生产的特点和需要。

（2）严格按制度进行教育培训对象的登记、培训、考核、发证、资料存档等工作，环环相扣，层层把关。坚决做到不经培训者、考试（核）不合格者、没有安全生产教育培训部门签发的合格证者，不准上岗工作。

（3）要有相对稳定的教育培训大纲、培训教材和培训师资，确保安全生产教育培训时间和教学质量。

（4）经常监督检查，认真查处未经培训就上岗操作及特种作业人员无证操作的责任单位和责任人员。

第二节　开展企业安全生产活动

一、标准化作业达标活动

标准化作业是企业现代化生产的重要手段，是科学管理的重要组成部分，也是提高产品质量和工程建设质量，保护职工安全健康的必由之路。

在企业制定、推行标准化作业时，班组长起着承上启下的重要作用。每个班组长应提高对标准化作业重要性的认识，积极学习有关标准化作业的知识，努力宣传、推广标准化作业。

1. 标准化作业的含义及其发展

标准化作业是指在调查分析的基础上，对现行作业方法的每一个操作程序和每一个动作进行分解，以科学技术、各项规章制度和实践经验为依据，以安全、质量、效益为目标，对作业过程进行改善，从而形成一种最优的作业程序，并通过宣传、组织、训练、考核等手段，要求职工按照标准化作业程序工作，逐步达到安全、准确、高效、省力的作业效果的过程。

标准化活动有着悠久的历史，它是随着生产的进步而发展起来的。从家庭、作坊手工业走向社会化、机械化大生产，人们根据客观需要，开始以计量技术为起点，出现了标准这一概念。标准化管理是在“管理科学之父”泰勒的管理方法的基础上发展起来的，是运用合理、科学的标准进行企业管理，不仅生产、技术、设备、质量、管理标准化，而且扩展到从事生产活动的人的操作也要实行标准化（即标准化作业），这样就把标准化的内容从狭隘的规范扩展到生产作业中来了。

然而，过去一提到标准化，人们往往会认为是对生产技术、产品质量而言的。如提到机械零件，人们会想到几何尺寸、表面光洁度、理化性质、检验方法等的规定。实际上，任何一项工作、任何一个生产活动或岗位都需要有标准。

2. 标准化作业的主要内容

按照工作人员（生产作业人员、检修人员、管理人员）的工作性质，标准化作业可分为不同的系列。每个系列的标准化作业的主要内容有：作业顺序标准；生产操作标准；技术工艺标准；安全作业标准；设备维护标准；机电设备标准；工具、吊具标准；质量检验标准；文明生产标准；场地管理标准等。

（1）作业顺序标准。根据不同岗位、工种中的每项作业的职责要求，从生产准备、正常作业到作业结束的全过程，定出先做什么，后做什么，使生产顺序标准化。

（2）生产操作标准。依据不同岗位、工种生产作业的每个步骤要求，从具体作业动作上规定作业人员应该怎么动作，使作业人员行为规范化。

（3）技术工艺标准。根据不同作业涉及的原料、材料、燃料等不同的理化特性，制定不同的技术要求及相应的工艺作业标准。

（4）安全作业标准。安全作业标准涉及到操作标准化、设备管理标准化、生产环境标准化、人的行为标准化、物的标准化以及合理的生产环境条件等。

（5）设备维护标准。随着时间的推移，设备逐渐磨损、老化，需要不断进行维护保养，及时更换易损零件，在标准中应明确规定。

（6）机电设备标准。每台设备均要建立安全防护状态标准，明确规定设备完好状态标准和安全防护设施要求，消除物的不安全因素。

（7）工具、吊具标准。与机电设备对应的工艺生产中使用的一切工具、吊具等，均应达到良好的标准状态。

（8）质量检验标准。企业生产的产品、中间产品均应有几何尺寸、理化特性、外观标准以及检验方法等标准。

（9）文明生产标准。根据文明生产要求，对作业场所必须具备的照明、工业卫生、原材料、成品、半成品、工具、消防等涉及到的一切与文明生产有关的内容均应有具体规定。

（10）场地管理标准。根据企业生产和场地条件，对作业场所的通道、作业防护栏及防护区域、物料堆放高度和宽度等，均应制定标准。

3. 标准化作业的标准制定

标准化作业标准的制定工作如下：制定标准—执行标准—修改标准—再执行新标准。每一次循环，各种效益都将提高一步，更符合客观实际的要求。标准化作业标准的制定方法如下：

（1）根据岗位作业的内容，全面系统地考虑技术、设备、环境等作业条件，科学合理地编排作业顺序，即对一项工作要具体规定先做什么，后做什么的标准。

（2）按作业内容和技术、设备、环境条件，规定操作动作及其应达到的标准。主要包括：作业准备标准，作业动作标准，工器具位置和使用标准，作业用语和手势标准，作业衔接和协调标准，作业现场管理、整理和整顿标准，创造安全环境标准等。

（3）规章制度、规程是制定标准化作业标准的基础，编制标准化作业标准要比制定规章制度的技术性强，因此，标准化作业标准在规程简化、优化的基础上，规定不准干什么，可以干什么，以及应该干什么的标准。

（4）在确保安全生产的前提下，贯彻统一、协调、精练、优化的原则，使操作者记得住、学得会、用得上、愿意干。

（5）要充分激励基层班组长和广大职工的安全需要和积极性，把他们的智慧和实践经验充分地反映到标准化作业标准中。

总的原则就是要把操作者的岗位安全规程、技术规程、操作规程系统地编制出作业顺序及动作标准，要使每个职工达到工作有顺序、动作有标准、执行（标准）有考核，从而使人的不安全行为、物的不安全状态、环境的不卫生因素等得到控制。

4. 实例

标准化作业的内容很多，且制定出来的标准须经过不断地实践和修改，才能日趋完善，保持长久的生命力。在此列举起重机械兑铁标准化操作表，仅供参考。

起重机械（下称行车）总铁标准化操作表

操作内容：炼钢作业

单位作业：行车兑铁

准备

（1）明确指吊铁水信号后，先观察周围情况，按响喇叭，接通行车工作电源，慢速启动大车运行，并松下大钩龙门架。

(2) 校正大车位置，大钩龙门吊架高低适度后，启动小车慢速向前行驶，使大钩龙门吊正确地挂进铁水包耳轴（防止顶铁水包耳轴）。

(3) 判断指挥信号与否（即同意起升或否定起升）。按响喇叭，再次征求指挥信号。

(4) 确证起升信号后，采用点动操作法：慢速起升→停止→慢速起升，直至吊钩与铁水包呈垂直状态再停止（严禁铁水包离开地面）。

(5) 按响喇叭，待指挥起吊信号明确无疑，方可操纵控制器，逐挡加速到 6 挡，使铁水包稍离地面时（约半市尺）即停止继续起升；慢速启动大车（向左或向右），让铁水包缓慢偏离开出铁槽跷跷板坐墩；慢速启动小车向后，使铁水包安全平稳地离开出铁处（防止铁水包口碰撞化铁出铁槽跷跷板）。

(6) 如调包暂放地面，应选择地面平坦处，用主令反接制动操作方法（即下降 2～3 挡反复多次动作），将铁水包缓慢平稳地降落至地面（注意主钩制动器的制动效果）。如炉前需兑铁水，则将主令上升，逐挡加速到 6 挡，要求高度集中思想，做到眼不离钩，同时观察大钩起升速度、左右行车动态和地面情况，并慢速启动大车，向炉前平台行驶。当铁水包包底超过炉前平台地面 2 m 以上，方可进炉前平台（严禁从人头上超过）。

兑铁

(1) 如暂不需兑铁，行车停留位置应在炉座与炉座之间，并切断工作电源（谨防转炉突发大喷造成伤害）。

(2) 如需及时兑铁，待转炉放完钢、倒净渣、炉口摇到兑铁位置后，慢速启动大车，使铁水包对准炉座。

(3) 将铁水包与小钩松下（铁水包包底距平台地面约 1 m，小钩链条钩头与包环中心齐平），即停止操作。

（4）操纵小钩控制器采用点动操作法，在指挥人员手已离开包环的前提下，逐步将小钩与包环适度挂紧（切忌过紧，防止铁水溢出）。

（5）起吊信号明确，按响喇叭，以示警告，同时起升大、小钩。特别要注意小钩链条既不能太松也不能太紧（防脱环，防铁水溢出）。当铁水包上升高度适中时，停止操作（防止铁水倒出）。

（6）启动小车慢速运行，平稳地将铁水包移送到炉口前，按响喇叭，表示是否需兑铁水。

（7）在明确可兑铁水的信号后，对准炉口，采用点动操作法，使小钩逐步起升，让铁水包缓慢地倾斜。当铁水似流而非流时，停止小钩操作。

松下

（1）密切注意指挥信号及炉口动态，不断校正兑铁位置。

（2）在兑铁过程中，要做到稳、准，使之安全顺利进行（大钩不可下降，防止铁水溢出、倾翻）。

（3）兑铁完毕信号发出后，先将小车朝后拉离炉口处，然后松下小钩，待小钩链条钩头自行脱出包环、铁水包恢复竖直状态后，再启动大车离开炉座（严禁从人头上越过）。

（4）待倒废钢完毕，启动大车向化铁炉处运行。

（5）离开炼钢平台后，将铁水包松下，接近地面平坦处时，仍应采用点动操作法，使铁水包平稳着地。

（6）将铁水包起升离地少许，启动大、小车，安全、准确、可靠地将铁水包移送到化铁炉出铁槽下。

5. 宣传、推广标准化作业

标准化作业标准制定的难度较大，推行涉及面较广，因此，在开展标准化作业前，各级领导必须统一认识，主要领导要亲自抓。各有关部门必须共同参加，紧密配合。

开展标准化作业就是研究、制定操作者在生产活动全过程中的程序和规范，以统一和优化作业的程序和标准；求得最佳操作质量、操作条件、生产效益。标准化作业是从根本上解决劳动者安全和健康的重要措施。在宣传标准化作业时，应使广大职工都认识到这一点。

标准化作业要求全员共同贯彻执行，因此，必须抓好教育培训工作。要实现标准化作业，首先要开展标准化作业训练。按作业标准规定，一个人一个人地练，一个动作一个动作地练，使“我要安全”变为“我会安全”，使标准化作业标准的制定过程和执行过程成为一个发动群众和操作者接受安全教育的过程。在这一工作中，班组长必须身体力行，积极学习、宣传、推广标准化作业。

要推行标准化作业，势必要改变以往的习惯性作业，这就需要严字当头，严格考核，奖罚分明。实行按岗位定职责，按职责定标准，按标准进行考核，按考核结果计分，按分数计奖。做到一级考核一级，实行日考核，月总结，年进档，考核与奖励、工资、晋升密切挂钩。

在这项工作中，班组长不但要对自己高标准、严要求，还应与有关部门积极配合。

二、创安全合格班组活动

1. 创安全合格班组活动的重要意义

班组是企业最基层的组织单元，也是安全生产的基础。据资料统计，90%的事故发生在班组。因此，搞好班组建设，开展创安全合格班组活动，对搞好安全生产，具有十分重要的意义。

创安全合格班组，也是科学技术发展对安全生产提出的必然要求。因此，企业的机械化、自动化生产要求工人在一定的时间，按一定的程序和一系列的规定动作进行作业。生产的自动化、机械化程度越高，就越要求操作者的行为标准化、规范化。只有这样，才能最大限度地保障职工的安全和健康，才能保证生产正常进行。

创安全合格班组，也是现代安全管理的需要。现代安全管理不仅需要运用现代的科学技术方法，还要求人人参加管理。全面安全管理的要求是全员、全面、全过程的安全管理。创安全合格班组就是要向这个方向努力，通过这个活动，提高职工安全工作素质，尤其是班组长的安全管理能力，提高班组安全生产水平。

2. 开展创安全合格班组活动的方法

各级领导应大张旗鼓地宣传、推广安全合格班组，党政工团各个部门都应利用各种宣传工具，广泛地宣传搞好安全合格班组的重要性和安全合格班组的要求，宣传安全合格班组典型，同时对活动中出现的具体问题进行指导、解决。

宣传切忌空洞说教，应从职工的切身利益出发，激励职工由被动地“要我这样做”转变为自觉地“我要这样做”。既可以从安全对职工的生命健康的关系进行宣传，还可以从安全对职工的经济利益、国家的发展以及后一代的影响，从安全与家庭幸福，从职业道德，从安全法规对人的要求等方面进行宣传。总之，要形成一种氛围，使人人了解创安全合格班组的意义、安全合格班组的要求，并按照要求去做。

当然，创安全合格班组光靠宣传还不够，还必须有一个负责实施的部门。应根据本地区的社会环境、本单位的安全生产状况、班组安全工作状况等，制定“安全合格班组条件”，发到下一级的负责机构及班组，组织他们进行充分的研究，进行综合整理分析，从而制定出完整、切合实际的“安全合格班组条件”。在试行一段时期后，可根据反馈的信息，再作一次修订。

需要注意的是，这里的“切合实际”，并不是降低条件，条件应是需要经过努力才能达到的，因此，它必须高于目前的安全管理水平，并努力向作业程序标准化、生产操作标准化、安全标志标准化靠拢。至少应反映出本企业安全管理先进班组的水平，按这个条件实行一段时间，整个企业的班组管理水平得到提高后，即可修订条件，将其提高到一个新的水准。这样经过几次反复，班组安全管理水平就会大大提高，企业的安全生产水平也会随之不断提高。

有了基础条件，形成了氛围，就可以开始建设安全合格班组。由于条件的水准较高，符合条件的班组相对来说不会很多，但一定会有很多班组来竞争。组织者一定要善于利用这种情况，运用各种方法鼓励大家竞争，在企业内掀起争当“安全合格班组”的竞赛潮。应及时将竞赛的情况传达给每一个职工，及时报道竞赛中涌现的先进事迹，使他们始终感受到竞赛浪潮的冲击，激励他们投入竞赛，开展争创安全合格班组活动。

组织者在评选安全合格班组时，应抱着宁缺毋滥的态度，严格把关。对被评上安全合格班组的，要经常关心帮助，使他们再接再厉，不断前进。奖励方式要物质奖励和精神奖励并行。

在创建安全合格班组活动中，要防止按比例分配现象。因为这样做不是使达到条件的班组评不上“安全合格班组”，就是使不合格的班组评上“安全合格班组”。这两种情况都不利于创建安全合格班组。同样，对已评选上安全合格班组的，若发生了不符合安全条件的情况，也应取消其安全合格班组称号。

为了使活动搞得生动活泼，同时又使被评上的班组有较高的水准，评选安全合格班组活动应作为一项经常性的工作，可半年或一年进行一次。

3. 安全合格班组的条件

（1）认真学习并贯彻执行安全生产方针政策。所有班组成员都必须认真学习安全生产方针、政策、法律法规和上级的有关规定。所有班组成员都必须具有明确的“安全第一”的思想，当安全与生产发生矛盾时，生产应服从安全。

（2）实行目标管理。必须有明确、先进并切实可行的安全生产目标（无违章违纪、无险肇事故、无事故苗子、无人员伤亡事故、无人为的设备或工具事故，尘毒治理达到国家规定的标准）。每个班组成员了解本企业的安全生产目标及实现目标的主要措施。每个班组成员都能从自身做起，实现目标。

（3）严格执行安全生产规章制度。主要包括：

1）班组内各工种的技术规程、安全操作规程、设备维护检修规程、岗位责任制、交接班制度齐全，并认真执行。

2）每个班组成员都能熟背本岗位的安全操作规程及规章制度，都知道班组工作范围内的危险源、防范措施及应急措施。不盲目指挥，不冒险作业。

3）特种作业人员经过培训考核，持证上岗作业。

4）班组要制定联保互保制，三人外出工作，要指定一人负责安全；两人外出工作，要指定安全监护人。在工作中要加强上下、左右的联系，密切配合。

5）班组长与安全员要对新职工或由他处新调入的职工进行安全生产教育培训。

6）上岗作业前必须正确穿戴劳动保护用品。

7）接触尘毒的班组，要有专人负责有关设备的维护保养，并应建立专门的管理制度，使防尘毒效果达到要求。

8）要推行安全检查表制度，安全检查要做到规范化、制度化、标准化。

9）要开展班前五分钟讲话，班前查、班中查、班后查的“一讲三查”活动。

10）对工伤事故、设备事故、险肇事故均应严格执行“四不放过”的原则，进行及时、认真的分析、处理。

11）要建立违章违纪、险肇事故、事故苗子、工伤事故等的登记簿，并应实事求是地进行认真登记，不弄虚作假。

（4）搞好文明生产。作业场所清洁，物料堆放整齐，安全通道符合要求，设备保养完好。各种安全防护装置、设施齐全有效，灵敏可靠。班组范围内的各类设备、工具、车辆、工作现场、休息室、更衣室等都必须做到安全无隐患，卫生整洁。人人遵守劳动纪律，不脱岗、不串岗、不饮酒上班。

（5）有正常的安全活动，生产任务完成好。班组要有正常的班前、班后会活动，班组长在主持这一活动时，要严格按“五同时”办，每一个班组成员都必须在现场与上班人员进行对口交接班。班组安全活动每周一次，每次不少于 40 min。活动要有具体的内容，要能联系班组安全生产实际。每次活动要认真做好活动内容、参加人员等记录。每月要有一次查隐患抓整改活动。从思想上、班组安全生产的现状、过去发生的事故教训、兄弟部门发生的事故等方面进行系统的检查分析，举一反三，消灭事故隐患。

第三节　安全生产检查的类型及内容

一、安全生产检查的定义

安全生产检查是指对生产过程及安全管理中可能存在的隐患、有害与危险因素、缺陷等进行查证，以确定隐患或有害与危险因素、缺陷的存在状态，以及它们转化为事故的条件，以便制定整改措施，消除隐患和有害与危险因素，确保生产安全。

安全生产检查是安全管理工作的重要内容，是消除隐患、防止事故发生、改善劳动条件的重要手段。通过安全生产检查可以发现企业生产过程中的危险因素，以便有计划地制定纠正措施，保证生产安全。

二、安全生产检查的类型

1. 定期安全生产检查

定期安全生产检查一般是通过有计划、有组织、有目的的形式来实现的。如次/年、次/季、次/月、次/周等。检查周期根据各单位实际情况确定。定期检查的面广，有深度，能及时发现并解决问题。

2. 经常性安全生产检查

经常性安全生产检查则是采取个别的、日常的巡视方式来实现的。在施工（生产）过程中进行经常性的预防检查，能及时发现隐患，及时消除，保证施工（生产）正常进行。

3. 季节性及节假日前安全生产检查

由各级生产单位根据季节变化，按事故发生的规律对易发的潜在危险，突出重点进行季节检查。如冬季防冻保温、防火、防煤气中毒；夏季防暑降温、防汛、防雷电等检查。

由于节假日（特别是重大节日，如元旦、春节、劳动节、国庆节）前后容易发生事故，因而应进行有针对性的安全生产检查。

4. 专项安全生产检查

专项安全生产检查是对某个专项问题或在施工（生产）中存在的普遍性安全问题进行的单项定性检查。对危险较大的在用设备、设施，作业场所环境条件的管理性或监督性定量检测检验，则属专业性安全生产检查。专项安全检查具有较强的针对性，用于检查难度较大的项目。通过检查，发现潜在问题，研究整改对策，及时消除隐患，进行技术改造。

5. 综合性安全生产检查

一般是由主管部门对下属各企业或生产单位进行的全面综合性检查，必要时可组织进行系统的安全性评价。

6. 不定期的职工代表巡视安全生产检查

由企业或车间工会负责人负责组织有专业技术特长的职工代表，进行巡视安全生产检查。重点检查国家安全生产方针、法规的贯彻执行情况；检查单位领导干部安全生产责任制的执行情况以及；工人安全生产权利的执行情况；检查事故原因、隐患整改情况，并对责任者提出处理意见。此类检查可进一步强化各级领导安全生产责任制的落实，促进职工劳动保护合法权利的维护。

三、安全生产检查的内容

安全生产检查对象的确定应本着突出重点的原则，对于危险性大、易发事故、事故危害大的生产系统、部位、装置、设备等应加强检查。一般应重点检查：易造成重大损失的易燃易爆危险物品、剧毒品、锅炉、压力容器、起重、运输、冶炼设备、电气设备、冲压机械、高处作业，以及本企业易发生工伤、火灾、爆炸等事故的设备、工种、场所及其作业人员；造成职业中毒或职业病的尘毒点及其作业人员；直接管理重要危险点和有害点的部门及其负责人。

安全生产检查的内容包括软件系统和硬件系统，主要是查思想、查管理、查隐患、查整改、查事故处理。

目前，非矿山企业的强制性检查的项目有：锅炉、压力容器、压力管道、高压医用氧舱、起重机、电梯、自动扶梯、施工升降机、简易升降机、防爆电器、厂内机动车辆、客运索道、游艺机及游乐设施等，作业场所的粉尘、噪声、振动、辐射、高温低温、有毒物质的浓度等。矿山企业要求强制性检查的项目有：矿井风量、风质、风速及井下温度、湿度、噪声；瓦斯、粉尘；矿山放射性物质及其他有毒有害物质；露天矿山边坡；尾矿坝；提升、运输、装载、通风、排水、瓦斯抽放、压缩空气和超重设备；各种防爆电器、电气安全保护装置；矿灯、钢丝绳等；瓦斯、粉尘及其他有毒有害物质检测仪器、仪表；自救器；救护设备；安全帽；防尘口罩或面罩；防护服、防护鞋；防噪声耳塞、耳罩。

第四节　安全生产检查的方法及工作程序

一、安全生产检查的方法

1. 常规检查法

常规检查通常是由安全管理人员作为检查工作的主体，到作业场所的现场，通过感观或辅助一定的简单工具、仪表等，对作业人员的行为、作业场所的环境条件、生产设备设施等进行的定性检查。安全生产检查人员通过这一手段，及时发现现场存在的不安全隐患并采取措施予以消除，纠正作业人员的不安全行为。

这种方法完全依靠安全生产检查人员的经验和能力，检查的结果直接受安全生产检查人员个人素质的影响。因此，对安全生产检查人员要求较高。

2. 安全生产检查表法

为使检查工作更加规范，使个人的行为对检查结果的影响减少到最小，常采用安全生产检查表法。

安全生产检查表（SCL）是为了系统地找出不安全因素，事先把系统加以剖析，列出各层次的不安全因素，确定检查项目。并把检查项目按系统的组成顺序编制成表，以便进行检查或评审，这种表就是安全生产检查表。安全生产检查表是进行安全生产检查，发现和查明各种危险和隐患、监督各项安全规章制度的实施，及时发现事故隐患并制止违章行为的一个有力工具。

安全生产检查表应列举需查明的所有会导致事故的不安全因素。每个检查表均需注明检查时间、检查者、直接负责人等，以便分清责任。安全生产检查表的设计应做到系统、全面，检查项目应明确。

编制安全生产检查表的主要依据：

（1）有关标准、规程、规范及规定。

（2）国内外事故案例及本单位在安全管理及生产中的有关经验。

（3）通过系统分析，确定的危险部位及防范措施，都是安全生产检查表的内容。

（4）新知识、新成果、新方法、新技术、新法规和标准。

在我国许多行业都编制并实施了适合行业特点的安全生产检查表。如建筑、火电、机械、煤炭等行业都制定了适用于本行业的安全生产检查表。企业在实施安全生产检查工作时，根据行业颁布的安全生产检查标准，可以结合本单位情况制定更具可操作性的安全生产检查表。

3. 仪器检查法

机器、设备内部的缺陷及作业环境条件的真实信息或定量数据，可以通过仪器检查法来进行定量化的检验与测量，从而发现不安全隐患，为后续整改提供信息。因此，必要时需要实施仪器检查。由于被检查对象不同，检查所用的仪器和手段也不同。

二、安全生产检查的工作程序

安全生产检查工作一般包括以下几个步骤：

1. 安全生产检查准备

（1）确定检查对象、目的、任务。

（2）查阅、掌握有关法规、标准、规程的要求。

（3）了解检查对象的工艺流程、生产情况、可能出危险危害的情况。

（4）制订检查计划，安排检查内容、方法、步骤。

（5）编写安全生产检查表或检查提纲。

（6）准备必要的检测工具、仪器、书写表格或记录本。

（7）挑选和训练检查人员，并进行必要的分工等。

2. 实施安全生产检查

实施安全生产检查就是通过访谈、查阅文件和记录、现场检查、仪器测量等方式获取信息。

（1）访谈。通过与有关人员谈话来了解相关部门、岗位执行规章制度的情况。

（2）查阅文件和记录。检查设计文件、作业规程、安全措施、责任制度、操作规程等是否齐全，是否有效；查阅相应记录，判断上述文件是否被执行。

（3）现场观察。到作业现场寻找不安全因素、事故隐患、事故征兆等。

（4）仪器测量。利用一定的检测检验仪器设备，对在用的设施、设备、器材状况及作业环境条件等进行测量，以发现隐患。

3. 通过分析作出判断

掌握情况（获得信息）之后，就要进行分析、判断和检验。可凭经验、技能进行分析、判断，必要时可以通过仪器检验得出正确结论。

4. 及时作出决定进行处理

作出判断后，应针对存在的问题采取措施，即下达隐患整改意见和要求，包括要求进行信息的反馈。

5. 实现安全生产检查工作闭环

通过复查整改落实情况，获得整改效果的信息，以实现安全生产检查工作的闭环。

第五节　安全生产检查表

一、安全生产检查表及其分类

1. 安全生产检查表的定义

为了系统地识别工厂、车间、工段或装置、设备以及各种操作管理和组织中的不安全因素，事先将要检查的项目，以提问方式编制成表，以便进行系统检查和避免遗漏，这种表称为安全生产检查表。

安全生产检查表种类多、适用面广、使用方便，可根据不同的要求编制不同的安全生产检查表，因此，它作为一种定性安全评价方法有着广泛的应用。

安全生产检查表出现于 20 世纪 20 年代，是一种最基础、应用最广泛的风险评价方法。安全生产检查表必须包括系统或子系统的全部主要检查点，不能忽略那些主要的、潜在的危险因素，而且还应从检查点中发现与之有关的其他因素。总之，安全生产检查表应列明所有可能导致事故发生的不安全因素和岗位的全部职责，其内容主要包括分类、序号、检查内容、回答、处理意见、检查人和检查时间、检查地点、备注等。

通常检查结果用“是（√）”（表示符合要求）或“否（×）”（表示还存在问题，有待进一步改进）来回答检查要点的提问。另外，也可用其他简单的参数来进行回答。有改进措施栏的应填上整改措施意见。

安全生产检查表有各种形式，不论何种形式的安全生产检查表，总体的要求是，内容必须全面，以避免遗漏主要的潜在危险；重点要突出，并且简明扼要。否则，检查要点太多，容易掩盖主要危险，分散人们的注意力，反而使评价不确切。为此，重要的检查条款可作出标记，以便认真查对。

安全生产检查表主要有以下优点：

（1）检查项目系统、完整，可以做到不遗漏任何能导致危险的关键因素，因而能保证安全生产检查的质量。

（2）可以根据已有的规章制度、标准、规程等，检查执行情况，得出准确的评价。

（3）安全生产检查表采用提问的方式，有问有答，给人的印象深刻，能使人知道如何做才是正确的，因而可起到安全教育的作用。

（4）编制安全生产检查表的过程本身就是一个系统安全分析的过程，可使检查人员对系统的认识更深刻，便于发现危险因素。

2. 安全生产检查表的分类

安全生产检查表的分类方法有许多种，如可按基本类型分类，按检查内容分类，也可按使用场合分类。

目前，安全生产检查表有3种类型：定性检查表、半定量检查表和否决型检查表。定性安全生产检查表是列出检查要点逐项检查，检查结果以“对”“否”表示，检查结果不能量化。半定量检查表是给每个检查要点赋以分值，检查结果以总分表示，有了量的概念，这样，不同的检查对象也可以相互比较，但缺点是检查要点的准确赋值比较困难，而且个别十分突出的危险不能充分地表现出来。例如，我国原化工部1990年、1991年、1992年安全生产检查表以及中国石化、天然气总公司安全评价方法中的检查表即为此种类型。否决型检查表是给一些特别重要的检查要点作出标记，这些检查要点如不满足，检查结果视为不合格，即具一票否决的作用，这样可以做到重点突出，我国的GB 13548—92《光气及光气化产品生产装置安全评价通则》中的检查表即属此类。

由于安全生产检查的目的、对象不同，检查的内容也有所区别，因而应根据需要制定不同的安全生产检查表。例如，日本消防厅的安全生产检查表侧重于事故发生后的消防活动，对安全措施进行检查；而日本劳动省的安全生产检查表则侧重于劳动灾害，对工艺过程的安全管理进行检查。我国原化工部1990—1992年发布的3个安全生产检查表侧重于安全管理；而中国石化、天然气总公司安全评价方法中的安全生产检查表除包括安全管理的内容外，更多地涉及到各类生产设备的选型、材质、结构及安全附件等。

安全生产检查表按其使用场合大致可分为以下几种：

（1）设计用安全生产检查表。主要供设计人员进行安全设计时使用，也以此作为审查设计的依据。其主要内容包括：厂址选择，平面布置，工艺流程的安全性，建筑物、安全装置、操作的安全性，危险物品的性质、储存与运输，消防设施等。

（2）厂级安全生产检查表。供全厂安全生产检查时使用，也可供安全技术、防火部门进行日常巡回检查时使用。其主要内容包括：厂区内各种产品的工艺和装置的危险部位，主要安全装置与设施，危险物品的贮存与使用，消防通道与设施，操作管理以及遵章守纪情况等。

（3）车间用安全生产检查表。供车间进行定期安全生产检查时使用。其主要内容包括：工人安全、设备布置、通道、通风、照明、噪声、振动、安全标志、消防设施及操作管理等。

（4）工段及岗位用安全生产检查表。主要用于自查、互查及安全教育。其内容应根据岗位的工艺与设备的防灾控制要点确定，要求内容具体易行。

（5）专业性安全生产检查表。由专业机构或职能部门编制和使用。主要用于定期的专业检查或季节性检查，如对电气、压力容器，特殊装置与设备等的专业检查表。

二、安全生产检查表的编制

1. 安全生产检查表的格式

一般地，安全生产检查表格式包括以下内容：

（1）序号（统一编号）。

（2）项目名称。如子系统、车间、工段、设备等。

（3）检查内容。在修辞上可用直接陈述句，也可用疑问句。

（4）检查标准。如标准要求、指标参数的允许范围等。

（5）检查方法。如查记录、现场检查（包括使用必要的检测技术与手段）等。

（6）应得分或列出项目的相对重要程度，或注明必要项目。

（7）检查结果。实得分或“是/否”的回答。

(8) 备注。可注明建议改进措施或情况反馈等事项。

(9) 检查人与检查时间。

2. 安全生产检查表的编制依据

编制安全生产检查表的依据主要有以下几个方面：

(1) 有关规程、规定和标准。如编制采煤工艺过程和割煤机的安全生产检查表，应以《煤矿安全规程》《操作规程》及《作业规程》中的相关规定作为依据，对检查涉及的工艺指标应规定出安全的临界值，超过该指标的规定值即应报告并进行处理，以使安全生产检查表的内容符合法规的要求。

(2) 本单位的经验。由本单位工程技术人员、生产管理人员、操作人员和安全技术人员共同总结生产操作的经验，分析导致事故的各种潜在危险因素和外界环境条件。

(3) 国内外事故案例。认真收集以往发生的事故教训以及在生产、研制和使用中出现的问题，包括国内外同行业、同类事故的案例和资料。

(4) 系统安全分析的结果。根据其他系统安全分析方法（如事故树分析、事件树分析、故障类型及影响分析和预先危险性分析等）对系统进行分析的结果，将导致事故的各个基本事件作为防止灾害的控制点列入安全生产检查表。

3. 安全生产检查表的编制方法

根据检查对象，安全生产检查表编制人员可由熟悉系统安全分析的本行业专家（包括生产技术人员）、管理人员以及生产第一线有经验的工人组成。主要编制步骤如下：

(1) 确定检查对象与目的。

(2) 剖切系统。根据检查对象与目的，把系统剖切分成子系统、部件或元件。

(3) 分析可能的危险性。对各个剖切块进行分析，找出被分析系统（部件或元件）存在的危险因素，评定其危险程度和可能造成的后果。

(4) 确定检查要点。根据危险性大小及重要度顺序，对应相关的检查项目，以提问的形式列出要点并制成表格。

4. 安全生产检查表编制的注意事项

安全生产检查表应用后，要通过实践检验不断修改，使之逐步完善。安全生产检查表要力求系统完整、不漏掉任何能引发事故的危险关键因素。因此，编制安全生产检查表应注意如下问题：

(1) 安全生产检查表的编制是一个复杂、严谨的过程，应针对不同的检查对象和目的，组织技术人员、管理人员、操作人员等，在结合理论知识和实践经验的基础上，共同完成。

(2) 安全生产检查表的编制要依据适当的安全技术标准和国务院及有关省、自治区、直辖市颁布的法律规定，在充分了解系统的基础上进行。

(3) 检查项目要全面、具体、明确，安全生产检查表要条理清晰、重点突出，避免重复、简明扼要，尽可能地将隐患在发生之前就被发现、排除。

(4) 安全生产检查表的编制要有针对性，不同类别的安全生产检查表的适用范围和侧重点都不同，不宜通用，专业与日常、重点与次要、管理者和操作者等检查内容要有区分，做到各负其责。

(5) 安全生产检查表中的检查项目要随着工艺和设备的改进而不断更新。

第六节　安全生产检查和教育培训相关法律法规规定

一、《安全生产法》相关规定

第五十六条　负有安全生产监督管理职责的部门依法对生产经

营单位执行有关安全生产的法律、法规和国家标准或者行业标准的情况进行监督检查，行使以下职权：

（一）进入生产经营单位进行检查，调阅有关资料，向有关单位和人员了解情况。

（二）对检查中发现的安全生产违法行为，当场予以纠正或者要求限期改正；对依法应当给予行政处罚的行为，依照本法和其他有关法律、行政法规的规定作出行政处罚决定。

（三）对检查中发现的事故隐患，应当责令立即排除；重大事故隐患排除前或者排除过程中无法保证安全的，应当责令从危险区域内撤出作业人员，责令暂时停产停业或者停止使用；重大事故隐患排除后，经审查同意，方可恢复生产经营和使用。

（四）对有根据认为不符合保障安全生产的国家标准或者行业标准的设施、设备、器材予以查封或者扣押，并应当在十五日内依法作出处理决定。

监督检查不得影响被检查单位的正常生产经营活动。

第五十七条　生产经营单位对负有安全生产监督管理职责的部门的监督检查人员（以下统称安全生产监督检查人员）依法履行监督检查职责，应当予以配合，不得拒绝、阻挠。

第八十二条　生产经营单位有下列行为之一的，责令限期改正；逾期未改正的，责令停产停业整顿，可以并处两万元以下的罚款：

（一）未按照规定设立安全生产管理机构或者配备安全生产管理人员的；

（二）危险物品的生产、经营、储存单位以及矿山、建筑施工单位的主要负责人和安全生产管理人员未按照规定经考核合格的；

（三）未按照本法第二十一条、第二十二条的规定对从业人员进行安全生产教育和培训，或者未按照本法第三十六条的规定如实告知从业人员有关的安全生产事项的；

（四）特种作业人员未按照规定经专门的安全作业培训并取得特

种作业操作资格证书，上岗作业的。

第八十七条　两个以上生产经营单位在同一作业区域内进行可能危及对方安全生产的生产经营活动，未签订安全生产管理协议或者未指定专职安全生产管理人员进行安全检查与协调的，责令限期改正；逾期未改正的，责令停产停业。

二、《职业病防治法》相关规定

第十一条　县级以上人民政府职业卫生监督管理部门应当加强对职业病防治的宣传教育，普及职业病防治的知识，增强用人单位的职业病防治观念，提高劳动者的职业健康意识、自我保护意识和行使职业卫生保护权利的能力。

第十二条　有关防治职业病的国家职业卫生标准，由国务院卫生行政部门组织制定并公布。

国务院卫生行政部门应当组织开展重点职业病监测和专项调查，对职业健康风险进行评估，为制定职业卫生标准和职业病防治政策提供科学依据。

县级以上地方人民政府卫生行政部门应当定期对本行政区域的职业病防治情况进行统计和调查分析。

第二十七条　用人单位应当实施由专人负责的职业病危害因素日常监测，并确保监测系统处于正常运行状态。

用人单位应当按照国务院安全生产监督管理部门的规定，定期对工作场所进行职业病危害因素检测、评价。检测、评价结果存入用人单位职业卫生档案，定期向所在地安全生产监督管理部门报告并向劳动者公布。

职业病危害因素检测、评价由依法设立的取得国务院安全生产监督管理部门或者设区的市级以上地方人民政府安全生产监督管理部门按照职责分工给予资质认可的职业卫生技术服务机构进行。职业卫生技术服务机构所作检测、评价应当客观、真实。

发现工作场所职业病危害因素不符合国家职业卫生标准和卫生要求时，用人单位应当立即采取相应治理措施，仍然达不到国家职业卫生标准和卫生要求的，必须停止存在职业病危害因素的作业；职业病危害因素经治理后，符合国家职业卫生标准和卫生要求的，方可重新作业。

第四十二条　用人单位按照职业病防治要求，用于预防和治理职业病危害、工作场所卫生检测、健康监护和职业卫生培训等费用，按照国家有关规定，在生产成本中据实列支。

第四十三条　职业卫生监督管理部门应当按照职责分工，加强对用人单位落实职业病防护管理措施情况的监督检查，依法行使职权，承担责任。

第六十四条　安全生产监督管理部门履行监督检查职责时，有权采取下列措施：

（一）进入被检查单位和职业病危害现场，了解情况，调查取证；

（二）查阅或者复制与违反职业病防治法律、法规的行为有关的资料和采集样品；

（三）责令违反职业病防治法律、法规的单位和个人停止违法行为。

第六十七条　职业卫生监督执法人员依法执行职务时，被检查单位应当接受检查并予以支持配合，不得拒绝和阻碍。

第七十一条　违反本法规定，有下列行为之一的，由安全生产监督管理部门给予警告，责令限期改正；逾期不改正的，处十万元以下的罚款：

（一）工作场所职业病危害因素检测、评价结果没有存档、上报、公布的；

（二）未采取本法第二十一条规定的职业病防治管理措施的；

（三）未按照规定公布有关职业病防治的规章制度、操作规程、职业病危害事故应急救援措施的；

（四）未按照规定组织劳动者进行职业卫生培训，或者未对劳动者个人职业病防护采取指导、督促措施的；

（五）国内首次使用或者首次进口与职业病危害有关的化学材料，未按照规定报送毒性鉴定资料以及经有关部门登记注册或者批准进口的文件的。

第八十六条　违反本法规定，构成犯罪的，依法追究刑事责任。

三、《特种设备安全监察条例》相关规定

第三条　特种设备的生产（含设计、制造、安装、改造、维修，下同）、使用、检验检测及其监督检查，应当遵守本条例，但本条例另有规定的除外。

第五条　特种设备生产、使用单位应当建立健全特种设备安全、节能管理制度和岗位安全、节能责任制度。

特种设备生产、使用单位的主要负责人应当对本单位特种设备的安全和节能全面负责。

第八条　国家鼓励推行科学的管理方法，采用先进技术，提高特种设备安全性能和管理水平，增强特种设备生产、使用单位防范事故的能力，对取得显著成绩的单位和个人，给予奖励。

第十四条　锅炉、压力容器、电梯、起重机械、客运索道、大型游乐设施及其安全附件、安全保护装置的制造、安装、改造单位，以及压力管道用管子、管件、阀门、法兰、补偿器、安全保护装置等（以下简称压力管道元件）的制造单位和场（厂）内专用机动车辆的制造、改造单位，应当经国务院特种设备安全监督管理部门许可，方可从事相应的活动。

前款特种设备的制造、安装、改造单位应当具备下列条件：

（一）有与特种设备制造、安装、改造相适应的专业技术人员和技术工人；

（二）有与特种设备制造、安装、改造相适应的生产条件和检测手段；

（三）有健全的质量管理制度和责任制度。

第十六条　锅炉、压力容器、电梯、起重机械、客运索道、大型游乐设施、场（厂）内专用机动车辆的维修单位，应当有与特种设备维修相适应的专业技术人员和技术工人以及必要的检测手段，并经省、自治区、直辖市特种设备安全监督管理部门许可，方可从事相应的维修活动。

第十七条　锅炉、压力容器、起重机械、客运索道、大型游乐设施的安装、改造、维修以及场（厂）内专用机动车辆的改造、维修，必须由依照本条例取得许可的单位进行。

第二十二条　移动式压力容器、气瓶充装单位应当经省、自治区、直辖市的特种设备安全监督管理部门许可，方可从事充装活动。

充装单位应当具备下列条件：

（一）有与充装和管理相适应的管理人员和技术人员；

（二）有与充装和管理相适应的充装设备、检测手段、场地厂房、器具、安全设施；

（三）有健全的充装管理制度、责任制度、紧急处理措施。

气瓶充装单位应当向气体使用者提供符合安全技术规范要求的气瓶，对使用者进行气瓶安全使用指导，并按照安全技术规范的要求办理气瓶使用登记，提出气瓶的定期检验要求。

第二十六条　特种设备使用单位应当建立特种设备安全技术档案。安全技术档案应当包括以下内容：

（一）特种设备的设计文件、制造单位、产品质量合格证明、使用维护说明等文件以及安装技术文件和资料；

（二）特种设备的定期检验和定期自行检查的记录；

（三）特种设备的日常使用状况记录；

（四）特种设备及其安全附件、安全保护装置、测量调控装置及有关附属仪器仪表的日常维护保养记录；

（五）特种设备运行故障和事故记录；

（六）高耗能特种设备的能效测试报告、能耗状况记录以及节能改造技术资料。

第二十七条 特种设备使用单位应当对在用特种设备进行经常性日常维护保养，并定期自行检查。

特种设备使用单位对在用特种设备应当至少每月进行一次自行检查，并做好记录。特种设备使用单位在对在用特种设备进行自行检查和日常维护保养时发现异常情况的，应当及时处理。

特种设备使用单位应当对在用特种设备的安全附件、安全保护装置、测量调控装置及有关附属仪器仪表进行定期校验、检修，并做好记录。

锅炉使用单位应当按照安全技术规范的要求进行锅炉水（介）质处理，并接受特种设备检验检测机构实施的水（介）质处理定期检验。

从事锅炉清洗的单位，应当按照安全技术规范的要求进行锅炉清洗，并接受特种设备检验检测机构实施的锅炉清洗过程监督检验。

第二十八条 特种设备使用单位应当按照安全技术规范的定期检验要求，在安全检验合格有效期届满前1个月向特种设备检验检测机构提出定期检验要求。

检验检测机构接到定期检验要求后，应当按照安全技术规范的要求及时进行安全性能检验和能效测试。

未经定期检验或者检验不合格的特种设备，不得继续使用。

第二十九条 特种设备出现故障或者发生异常情况，使用单位应当对其进行全面检查，消除事故隐患后，方可重新投入使用。

特种设备不符合能效指标的，特种设备使用单位应当采取相应措施进行整改。

第三十条 特种设备存在严重事故隐患，无改造、维修价值，或者超过安全技术规范规定使用年限，特种设备使用单位应当及时予以报废，并应当向原登记的特种设备安全监督管理部门办理注销。

第三十一条 电梯的日常维护保养必须由依照本条例取得许可的安装、改造、维修单位或者电梯制造单位进行。

电梯应当至少每15日进行一次清洁、润滑、调整和检查。

第三十二条 电梯的日常维护保养单位应当在维护保养中严格执行国家安全技术规范的要求，保证其维护保养的电梯的安全技术性能，并负责落实现场安全防护措施，保证施工安全。

电梯的日常维护保养单位，应当对其维护保养的电梯的安全性能负责。接到故障通知后，应当立即赶赴现场，并采取必要的应急救援措施。

第三十三条 电梯、客运索道、大型游乐设施等为公众提供服务的特种设备运营使用单位，应当设置特种设备安全管理机构或者配备专职的安全管理人员；其他特种设备使用单位，应当根据情况设置特种设备安全管理机构或者配备专职、兼职的安全管理人员。

特种设备的安全管理人员应当对特种设备使用状况进行经常性检查，发现问题的应当立即处理；情况紧急时，可以决定停止使用特种设备并及时报告本单位有关负责人。

第三十四条 客运索道、大型游乐设施的运营使用单位在客运索道、大型游乐设施每日投入使用前，应当进行试运行和例行安全检查，并对安全装置进行检查确认。

电梯、客运索道、大型游乐设施的运营使用单位应当将电梯、客运索道、大型游乐设施的安全注意事项和警示标志置于易于为乘客注意的显著位置。

第三十五条 客运索道、大型游乐设施的运营使用单位的主要负责人应当熟悉客运索道、大型游乐设施的相关安全知识，并全面负责客运索道、大型游乐设施的安全使用。

客运索道、大型游乐设施的运营使用单位的主要负责人至少应当每月召开一次会议，督促、检查客运索道、大型游乐设施的安全使用工作。

客运索道、大型游乐设施的运营使用单位，应当结合本单位的实际情况，配备相应数量的营救装备和急救物品。

第三十八条　锅炉、压力容器、电梯、起重机械、客运索道、大型游乐设施、场（厂）内专用机动车辆的作业人员及其相关管理人员（以下统称特种设备作业人员），应当按照国家有关规定经特种设备安全监督管理部门考核合格，取得国家统一格式的特种作业人员证书，方可从事相应的作业或者管理工作。

第三十九条　特种设备使用单位应当对特种设备作业人员进行特种设备安全、节能教育和培训，保证特种设备作业人员具备必要的特种设备安全、节能知识。

特种设备作业人员在作业中应当严格执行特种设备的操作规程和有关的安全规章制度。

第六十五条　特种设备安全监督管理部门应当制定特种设备应急预案。特种设备使用单位应当制定事故应急专项预案，并定期进行事故应急演练。

压力容器、压力管道发生爆炸或者泄漏，在抢险救援时应当区分介质特性，严格按照相关预案规定程序处理，防止二次爆炸。

第六十六条　特种设备事故发生后，事故发生单位应当立即启动事故应急预案，组织抢救，防止事故扩大，减少人员伤亡和财产损失，并及时向事故发生地县以上特种设备安全监督管理部门和有关部门报告。

第七十七条　未经许可，擅自从事锅炉、压力容器、电梯、起重机械、客运索道、大型游乐设施、场（厂）内专用机动车辆的维修或者日常维护保养的，由特种设备安全监督管理部门予以取缔，处1万元以上5万元以下罚款；有违法所得的，没收违法所得；触犯刑律的，对负有责任的主管人员和其他直接责任人员依照刑法关于非法经营罪、重大责任事故罪或者其他罪的规定，依法追究刑事责任。

第八十三条　特种设备使用单位有下列情形之一的，由特种设备安全监督管理部门责令限期改正；逾期未改正的，处2 000元以上2万元以下罚款；情节严重的，责令停止使用或者停产停业整顿：

（一）特种设备投入使用前或者投入使用后30日内，未向特种设备安全监督管理部门登记，擅自将其投入使用的；

（二）未依照本条例第二十六条的规定，建立特种设备安全技术档案的；

（三）未依照本条例第二十七条的规定，对在用特种设备进行经常性日常维护保养和定期自行检查的，或者对在用特种设备的安全附件、安全保护装置、测量调控装置及有关附属仪器仪表进行定期校验、检修，并作出记录的；

（四）未按照安全技术规范的定期检验要求，在安全检验合格有效期届满前1个月向特种设备检验检测机构提出定期检验要求的；

（五）使用未经定期检验或者检验不合格的特种设备的；

（六）特种设备出现故障或者发生异常情况，未对其进行全面检查、消除事故隐患，继续投入使用的；

（七）未制定特种设备事故应急专项预案的；

（八）未依照本条例第三十一条第二款的规定，对电梯进行清洁、润滑、调整和检查的；

（九）未按照安全技术规范要求进行锅炉水（介）质处理的；

（十）特种设备不符合能效指标，未及时采取相应措施进行整改的。

特种设备使用单位使用未取得生产许可的单位生产的特种设备或者将非承压锅炉、非压力容器作为承压锅炉、压力容器使用的，由特种设备安全监督管理部门责令停止使用，予以没收，处2万元以上10万元以下罚款。

第八十四条 特种设备存在严重事故隐患，无改造、维修价值，或者超过安全技术规范规定的使用年限，特种设备使用单位未予以报废，并向原登记的特种设备安全监督管理部门办理注销的，由特种设备安全监督管理部门责令限期改正；逾期未改正的，处 5 万元以上 20 万元以下罚款。

第八十五条 电梯、客运索道、大型游乐设施的运营使用单位有下列情形之一的，由特种设备安全监督管理部门责令限期改正；逾期未改正的，责令停止使用或者停产停业整顿，处 1 万元以上 5 万元以下罚款：

（一）客运索道、大型游乐设施每日投入使用前，未进行试运行和例行安全检查，并对安全装置进行检查确认的；

（二）未将电梯、客运索道、大型游乐设施的安全注意事项和警示标志置于易于为乘客注意的显著位置的。

第八十六条 特种设备使用单位有下列情形之一的，由特种设备安全监督管理部门责令限期改正；逾期未改正的，责令停止使用或者停产停业整顿，处 2 000 元以上 2 万元以下罚款：

（一）未依照本条例规定设置特种设备安全管理机构或者配备专职、兼职的安全管理人员的；

（二）从事特种设备作业的人员，未取得相应特种作业人员证书，上岗作业的；

（三）未对特种设备作业人员进行特种设备安全教育和培训的。

四、《国务院关于进一步加强企业安全生产工作的通知》相关规定

13. 加强建设项目安全管理

强化项目安全设施核准审批，加强建设项目的日常安全监管，严格落实审批、监管的责任。企业新建、改建、扩建工程项目的安全设施，要包括安全监控设施和防瓦斯等有害气体、防尘、排水、

防火、防爆等设施，并与主体工程同时设计、同时施工、同时投入生产和使用。安全设施与建设项目主体工程未做到同时设计的一律不予审批，未做到同时施工的责令立即停止施工，未同时投入使用的不得颁发安全生产许可证，并视情节追究有关单位负责人的责任。严格落实建设、设计、施工、监理、监管等各方安全责任。对项目建设生产经营单位存在违法分包、转包等行为的，立即依法停工停产整顿，并追究项目业主、承包方等各方责任。

18. 加快完善安全生产技术标准

各行业管理部门和负有安全生产监管职责的有关部门要根据行业技术进步和产业升级的要求，加快制定修订生产、安全技术标准，制定和实施高危行业从业人员资格标准。对实施许可证管理制度的危险性作业要制定落实专项安全技术作业规程和岗位安全操作规程。

五、《关于生产经营单位主要负责人、安全生产管理人员及其他从业人员安全生产培训考核工作的意见》相关规定

一、生产经营单位主要负责人、安全生产管理人员及其他从业人员的安全生产培训考核工作实行统一规划、分类指导、分级实施。

国家安全生产监督管理局（国家煤矿安全监察局）（以下简称国家局）依法组织、指导、监督全国生产经营单位主要负责人和安全生产管理人员的安全生产培训、考核及安全资格认证工作；指导并监督检查生产经营单位其他从业人员安全生产教育培训工作。

县级以上各级地方人民政府安全生产监督管理部门依法组织、监督所辖区域内生产经营单位主要负责人和安全生产管理人员的安全生产培训、考核及安全资格认证工作；指导并监督检查辖区内生产经营单位其他从业人员安全生产教育培训工作。

设煤矿安全监察机构的省（区、市），各级煤矿安全监察机构负责所辖区域煤炭生产经营单位主要负责人和安全生产管理人员的安全生产培训、考核和安全资格认证工作；指导并监督检查辖区内煤

炭生产经营单位其他从业人员安全生产教育培训工作。

二、生产经营单位主要负责人是指对本单位生产经营负全面责任，有生产经营决策权的人员。具体指有限责任公司或股份有限公司的董事长、总经理，其他生产经营单位的厂长、经理、矿长、投资人等。

生产经营单位安全生产管理人员是指在生产经营单位从事安全生产管理工作的人员。具体指生产经营单位安全生产管理机构负责人及其工作人员，以及未设安全生产管理机构的专兼职安全生产管理人员等。

生产经营单位其他从业人员是指除主要负责人和安全生产管理人员以外，该单位从事生产经营各项活动的所有人员，包括其他负责人、管理人员、技术人员和各岗位的工人，以及临时聘用的人员。

生产经营单位特种作业人员的培训考核工作另行规定。

三、生产经营单位主要负责人和安全生产管理人员必须按国家有关规定，经过安全生产培训，具备与本单位所从事的生产经营活动相应的安全生产知识和管理能力。

危险物品的生产、经营、储存单位以及矿山、建筑施工单位的主要负责人和安全生产管理人员，必须经过安全生产培训，由安全生产监督管理部门或法律、法规规定的有关主管部门考核合格并取得安全资格证书后，方可任职。

四、生产经营单位主要负责人安全生产培训和安全资格培训的主要内容包括：

（一）国家有关安全生产的方针、政策、法律和法规及有关行业的规章、规程、规范和标准；

（二）安全生产管理的基本知识、方法与安全生产技术，有关行业安全生产管理专业知识；

（三）重大事故防范、应急救援措施及调查处理方法，重大危险源管理与应急救援预案编制原则；

（四）国内外先进的安全生产管理经验；

（五）典型事故案例分析。

五、生产经营单位安全生产管理人员安全生产培训和安全资格培训的主要内容包括：

（一）国家有关安全生产的法律、法规、政策及有关行业安全生产的规章、规程、规范和标准；

（二）安全生产管理知识、安全生产技术、劳动卫生知识和安全文化知识，有关行业安全生产管理专业知识；

（三）工伤保险的法律、法规、政策；

（四）伤亡事故和职业病统计、报告及调查处理方法；

（五）事故现场勘验技术，以及应急处理措施；

（六）重大危险源管理与应急救援预案编制方法；

（七）国内外先进的安全生产管理经验；

（八）典型事故案例。

六、生产经营单位主要负责人和安全生产管理人员每年应进行安全生产再培训。

再培训的主要内容是新知识、新技能和新本领，包括：

（一）有关安全生产的法律、法规、规章、规程、标准和政策；

（二）安全生产的新技术、新知识；

（三）安全生产管理经验；

（四）典型事故案例。

七、生产经营单位主要负责人和安全生产管理人员安全生产管理培训时间不得少于 24 学时；每年再培训时间不得少于 8 学时。

危险物品的生产、经营、储存单位及矿山、建筑施工单位的主要负责人和安全生产管理人员安全资格培训时间不得少于 48 学时；每年再培训时间不得少于 16 学时。

八、生产经营单位对新从业人员，应进行厂（矿）、车间（工段、区、队）、班组三级安全生产教育培训。

（一）厂（矿）级安全生产教育培训内容主要是：安全生产基本知识；本单位安全生产规章制度；劳动纪律；作业场所和工作岗位存在的危险因素、防范措施及事故应急措施；有关事故案例等。

（二）车间（工段、区、队）级安全生产教育培训内容主要是：本车间（工段、区、队）安全生产状况和规章制度；作业场所和工作岗位存在的危险因素、防范措施及事故应急措施；事故案例等。

（三）班组级安全生产教育培训内容主要是：岗位安全操作规程；生产设备、安全装置、劳动防护用品（用具）的性能及正确使用方法；事故案例等。

九、新从业人员安全生产教育培训时间不得少于24学时。危险性较大的行业和岗位，教育培训时间不得少于48学时。

十、从业人员调整工作岗位或离岗一年以上重新上岗时，应进行相应的车间（工段、区、队）安全生产教育培训。

生产经营单位实施新工艺、新技术或使用新设备、新材料时，应对从业人员进行有针对性的安全生产教育培训。

十一、生产经营单位要确立终身教育的观念和全员培训的目标，对在岗的从业人员应进行经常性安全生产教育培训。

经常性安全生产教育培训内容主要是：安全生产新知识、新技术；安全生产法律法规；作业场所和工作岗位存在的危险因素、防范措施及事故应急措施；事故案例等。

十二、负责生产经营单位主要负责人和安全生产管理人员安全生产培训的机构必须具备相应的资质条件，并经国家局或省（区、市）安全生产监督管理部门审查认定。培训工作严格按照国家局统一制定的生产经营单位主要负责人和安全生产管理人员安全生产培训大纲组织实施。

从事安全生产培训的教师须经培训并考核合格后，方可上岗。

十三、生产经营单位从业人员安全生产教育培训以生产经营单位自主培训为主，可以多层次、多渠道、多形式。没有培训能力的单位可委托有资质的安全生产培训机构进行培训，或利用广播、电视和网络等实行远程培训和社会化教学。

未经安全生产教育培训的从业人员，或培训考核不合格者，不得上岗。

十四、生产经营单位主要负责人和安全生产管理人员的培训考核与发证按照以下规定办理：

（一）国家局或国家局委托有关行业主管部门，负责中央管理的生产经营单位主要负责人和安全生产管理人员的培训、考核和发证；各省（区、市）安全生产监督管理部门或其委托的部门负责本行政区域内生产经营单位主要负责人和安全生产管理人员的培训、考核和发证。

（二）生产经营单位主要负责人和安全生产管理人员经安全生产培训合格者，由培训机构发给培训证书，并报安全生产监督管理部门备案。

危险物品的生产、经营、储存单位及矿山、建筑施工单位的主要负责人和安全生产管理人员，经安全资格培训并考核合格，由安全生产监督管理部门或法律、法规规定的有关主管部门发给安全资格证书。

（三）负责考核发证的部门自考核开始之日起，对考核合格的，15 日内核发证书。对不合格的，及时通知申请单位或本人。

十五、生产经营单位主要负责人、安全生产管理人员安全资格证书由国家局提供统一式样。

十六、承担培训任务的培训机构，要建立、健全生产经营单位主要负责人、安全生产管理人员及其他从业人员的安全生产培训档案。各省（区、市）安全生产监督管理部门和省级煤矿安全监察机构要制定生产经营单位主要负责人和安全生产管理人员的考核制度，建立证书管理档案。

十七、生产经营单位应建立健全从业人员安全生产教育培训制度，建立从业人员的安全生产教育培训档案，保证安全生产教育培训所需人员、资金和设施。

十八、县级以上各级地方人民政府安全生产监督管理部门，要加强生产经营单位主要负责人、安全生产管理人员及其他从业人员的培训工作，依法对生产经营单位主要负责人、安全生产管理人员及其他从业人员的安全生产培训工作情况进行监督检查。对未组织参加安全生产培训、考核工作的生产经营单位和个人，可依据《安全生产法》有关条款进行行政处罚；对认真开展安全生产培训考核工作并做出成绩的单位和个人，予以表彰和奖励。

十九、生产经营单位主要负责人和安全生产管理人员有下列行为的由考核发证部门吊销其安全资格证书：

（一）弄虚作假，骗取安全资格证书的；

（二）未按期参加培训、再培训或考核不合格的。

二十、各省（区、市）安全生产监督管理部门和省级煤矿安全监察机构可根据辖区内实际工作情况制定实施意见。

六、《生产经营单位安全培训规定》

第一章　总则

第一条　为加强和规范生产经营单位安全培训工作，提高从业人员安全素质，防范伤亡事故，减轻职业危害，根据安全生产法和有关法律、行政法规，制定本规定。

第二条　工矿商贸生产经营单位（以下简称生产经营单位）从业人员的安全培训，适用本规定。

第三条　生产经营单位负责本单位从业人员安全培训工作。

生产经营单位应当按照安全生产法和有关法律、行政法规和本规定，建立健全安全培训工作制度。

第四条　生产经营单位应当进行安全培训的从业人员包括主要负责人、安全生产管理人员、特种作业人员和其他从业人员。

生产经营单位从业人员应当接受安全培训，熟悉有关安全生产规章制度和安全操作规程，具备必要的安全生产知识，掌握本岗位的安全操作技能，增强预防事故、控制职业危害和应急处理的能力。

未经安全生产培训合格的从业人员，不得上岗作业。

第五条　国家安全生产监督管理总局指导全国安全培训工作，依法对全国的安全培训工作实施监督管理。

国务院有关主管部门按照各自职责指导监督本行业安全培训工作，并按照本规定制定实施办法。

国家煤矿安全监察局指导监督检查全国煤矿安全培训工作。

各级安全生产监督管理部门和煤矿安全监察机构（以下简称安全生产监管监察部门）按照各自的职责，依法对生产经营单位的安全培训工作实施监督管理。

第二章　主要负责人、安全生产管理人员的安全培训

第六条　生产经营单位主要负责人和安全生产管理人员应当接受安全培训，具备与所从事的生产经营活动相适应的安全生产知识和管理能力。

煤矿、非煤矿山、危险化学品、烟花爆竹等生产经营单位主要负责人和安全生产管理人员，必须接受专门的安全培训，经安全生产监管监察部门对其安全生产知识和管理能力考核合格，取得安全资格证书后，方可任职。

第七条　生产经营单位主要负责人安全培训应当包括下列内容：

（一）国家安全生产方针、政策和有关安全生产的法律、法规、规章及标准；

（二）安全生产管理基本知识、安全生产技术、安全生产专业知识；

（三）重大危险源管理、重大事故防范、应急管理和救援组织以及事故调查处理的有关规定；

（四）职业危害及其预防措施；

（五）国内外先进的安全生产管理经验；

（六）典型事故和应急救援案例分析；

（七）其他需要培训的内容。

第八条　生产经营单位安全生产管理人员安全培训应当包括下列内容：

（一）国家安全生产方针、政策和有关安全生产的法律、法规、规章及标准；

（二）安全生产管理、安全生产技术、职业卫生等知识；

（三）伤亡事故统计、报告及职业危害的调查处理方法；

（四）应急管理、应急预案编制以及应急处置的内容和要求；

（五）国内外先进的安全生产管理经验；

（六）典型事故和应急救援案例分析；

（七）其他需要培训的内容。

第九条　生产经营单位主要负责人和安全生产管理人员初次安全培训时间不得少于 32 学时。每年再培训时间不得少于 12 学时。

煤矿、非煤矿山、危险化学品、烟花爆竹等生产经营单位主要负责人和安全生产管理人员安全资格培训时间不得少于 48 学时；每年再培训时间不得少于 16 学时。

第十条　生产经营单位主要负责人和安全生产管理人员的安全培训必须依照安全生产监管监察部门制定的安全培训大纲实施。

非煤矿山、危险化学品、烟花爆竹等生产经营单位主要负责人和安全生产管理人员的安全培训大纲及考核标准由国家安全生产监督管理总局统一制定。

煤矿主要负责人和安全生产管理人员的安全培训大纲及考核标准由国家煤矿安全监察局制定。

煤矿、非煤矿山、危险化学品、烟花爆竹以外的其他生产经营单位主要负责人和安全管理人员的安全培训大纲及考核标准，由省、自治区、直辖市安全生产监督管理部门制定。

第十一条 煤矿、非煤矿山、危险化学品、烟花爆竹等生产经营单位主要负责人和安全生产管理人员安全资格培训，必须由安全生产监管监察部门认定的具备相应资质的安全培训机构实施。

第十二条 煤矿、非煤矿山、危险化学品、烟花爆竹等生产经营单位主要负责人和安全生产管理人员，经安全资格培训考核合格，由安全生产监管监察部门发给安全资格证书。

其他生产经营单位主要负责人和安全生产管理人员经安全生产监管监察部门认定的具备相应资质的培训机构培训合格后，由培训机构发给相应的培训合格证书。

第三章 其他从业人员的安全培训

第十三条 煤矿、非煤矿山、危险化学品、烟花爆竹等生产经营单位必须对新上岗的临时工、合同工、劳务工、轮换工、协议工等进行强制性安全培训，保证其具备本岗位安全操作、自救互救以及应急处置所需的知识和技能后，方能安排上岗作业。

第十四条 加工、制造业等生产单位的其他从业人员，在上岗前必须经过厂（矿）、车间（工段、区、队）、班组三级安全培训教育。

生产经营单位可以根据工作性质对其他从业人员进行安全培训，保证其具备本岗位安全操作、应急处置等知识和技能。

第十五条 生产经营单位新上岗的从业人员，岗前培训时间不得少于24学时。

煤矿、非煤矿山、危险化学品、烟花爆竹等生产经营单位新上岗的从业人员安全培训时间不得少于72学时，每年接受再培训的时间不得少于20学时。

第十六条 厂（矿）级岗前安全培训内容应当包括：

（一）本单位安全生产情况及安全生产基本知识；

（二）本单位安全生产规章制度和劳动纪律；

（三）从业人员安全生产权利和义务；

（四）有关事故案例等。

煤矿、非煤矿山、危险化学品、烟花爆竹等生产经营单位厂（矿）级安全培训除包括上述内容外，应当增加事故应急救援、事故应急预案演练及防范措施等内容。

第十七条　车间（工段、区、队）级岗前安全培训内容应当包括：

（一）工作环境及危险因素；

（二）所从事工种可能遭受的职业伤害和伤亡事故；

（三）所从事工种的安全职责、操作技能及强制性标准；

（四）自救互救、急救方法、疏散和现场紧急情况的处理；

（五）安全设备设施、个人防护用品的使用和维护；

（六）本车间（工段、区、队）安全生产状况及规章制度；

（七）预防事故和职业危害的措施及应注意的安全事项；

（八）有关事故案例；

（九）其他需要培训的内容。

第十八条　班组级岗前安全培训内容应当包括：

（一）岗位安全操作规程；

（二）岗位之间工作衔接配合的安全与职业卫生事项；

（三）有关事故案例；

（四）其他需要培训的内容。

第十九条　从业人员在本生产经营单位内调整工作岗位或离岗一年以上重新上岗时，应当重新接受车间（工段、区、队）和班组级的安全培训。

生产经营单位实施新工艺、新技术或者使用新设备、新材料时，应当对有关从业人员重新进行有针对性的安全培训。

第二十条　生产经营单位的特种作业人员，必须按照国家有关法律、法规的规定接受专门的安全培训，经考核合格，取得特种作业操作资格证书后，方可上岗作业。

特种作业人员的范围和培训考核管理办法，另行规定。

第四章 安全培训的组织实施

第二十一条 国家安全生产监督管理总局组织、指导和监督中央管理的生产经营单位的总公司（集团公司、总厂）的主要负责人和安全生产管理人员的安全培训工作。

国家煤矿安全监察局组织、指导和监督中央管理的煤矿企业集团公司（总公司）的主要负责人和安全生产管理人员的安全培训工作。

省级安全生产监督管理部门组织、指导和监督省属生产经营单位及所辖区域内中央管理的工矿商贸生产经营单位的分公司、子公司主要负责人和安全生产管理人员的培训工作；组织、指导和监督特种作业人员的培训工作。

省级煤矿安全监察机构组织、指导和监督所辖区域内煤矿企业的主要负责人、安全生产管理人员和特种作业人员（含煤矿矿井使用的特种设备作业人员）的安全培训工作。

市级、县级安全生产监督管理部门组织、指导和监督本行政区域内除中央企业、省属生产经营单位以外的其他生产经营单位的主要负责人和安全生产管理人员的安全培训工作。

生产经营单位除主要负责人、安全生产管理人员、特种作业人员以外的从业人员的安全培训工作，由生产经营单位组织实施。

第二十二条 具备安全培训条件的生产经营单位，应当以自主培训为主；可以委托具有相应资质的安全培训机构，对从业人员进行安全培训。

不具备安全培训条件的生产经营单位，应当委托具有相应资质的安全培训机构，对从业人员进行安全培训。

第二十三条 生产经营单位应当将安全培训工作纳入本单位年度工作计划。保证本单位安全培训工作所需资金。

第二十四条 生产经营单位应建立健全从业人员安全培训档案，

详细、准确记录培训考核情况。

第二十五条 生产经营单位安排从业人员进行安全培训期间，应当支付工资和必要的费用。

第五章 监督管理

第二十六条 安全生产监管监察部门依法对生产经营单位安全培训情况进行监督检查，督促生产经营单位按照国家有关法律法规和本规定开展安全培训工作。

县级以上地方人民政府负责煤矿安全生产监督管理的部门对煤矿井下作业人员的安全培训情况进行监督检查。煤矿安全监察机构对煤矿特种作业人员安全培训及其持证上岗的情况进行监督检查。

第二十七条 各级安全生产监管监察部门对生产经营单位安全培训及其持证上岗的情况进行监督检查，主要包括以下内容：

（一）安全培训制度、计划的制订及其实施的情况。

（二）煤矿、非煤矿山、危险化学品、烟花爆竹等生产经营单位主要负责人和安全生产管理人员安全资格证持证上岗的情况；其他生产经营单位主要负责人和安全生产管理人员培训的情况。

（三）特种作业人员操作资格证持证上岗的情况。

（四）建立安全培训档案的情况。

（五）其他需要检查的内容。

第二十八条 安全生产监管监察部门对煤矿、非煤矿山、危险化学品、烟花爆竹等生产经营单位的主要负责人、安全生产管理人员应当按照本规定严格考核和颁发安全资格证书。考核不得收费。

安全生产监管监察部门负责考核、发证的有关人员不得玩忽职守和滥用职权。

第六章 罚则

第二十九条 生产经营单位有下列行为之一的，由安全生产监管监察部门责令其限期改正，并处2万元以下的罚款：

（一）未将安全培训工作纳入本单位工作计划并保证安全培训工

作所需资金的；

（二）未建立健全从业人员安全培训档案的；

（三）从业人员进行安全培训期间未支付工资并承担安全培训费用的。

第三十条　生产经营单位有下列行为之一的，由安全生产监管监察部门责令其限期改正；逾期未改正的，责令停产停业整顿，并处2万元以下的罚款：

（一）煤矿、非煤矿山、危险化学品、烟花爆竹等生产经营单位主要负责人和安全生产管理人员未按本规定经考核合格的；

（二）非煤矿山、危险化学品、烟花爆竹等生产经营单位未按照本规定对其他从业人员进行安全培训的；

（三）非煤矿山、危险化学品、烟花爆竹等生产经营单位未如实告知从业人员有关安全生产事项的；

（四）生产经营单位特种作业人员未按照规定经专门的安全培训机构培训并取得特种作业人员操作资格证书，上岗作业的。

县级以上地方人民政府负责煤矿安全生产监督管理的部门发现煤矿未按照本规定对井下作业人员进行安全培训的，责令限期改正，处10万元以上50万元以下的罚款；逾期未改正的，责令停产停业整顿。

煤矿安全监察机构发现煤矿特种作业人员无证上岗作业的，责令限期改正，处10万元以上50万元以下的罚款；逾期未改正的，责令停产停业整顿。

第三十一条　生产经营单位有下列行为之一的，由安全生产监管监察部门给予警告，吊销安全资格证书，并处3万元以下的罚款：

（一）编造安全培训记录、档案的；

（二）骗取安全资格证书的。

第三十二条　安全生产监管监察部门有关人员在考核、发证工作中玩忽职守、滥用职权的，由上级安全生产监管监察部门或者行政监察部门给予记过、记大过的行政处分。

第七章　附则

第三十三条　生产经营单位主要负责人是指有限责任公司或者股份有限公司的董事长、总经理，其他生产经营单位的厂长、经理、(矿务局)局长、矿长(含实际控制人)等。

生产经营单位安全生产管理人员是指生产经营单位分管安全生产的负责人、安全生产管理机构负责人及其管理人员，以及未设安全生产管理机构的生产经营单位专、兼职安全生产管理人员等。

生产经营单位其他从业人员是指除主要负责人、安全生产管理人员和特种作业人员以外，该单位从事生产经营活动的所有人员，包括其他负责人、其他管理人员、技术人员和各岗位的工人以及临时聘用的人员。

第三十四条　省、自治区、直辖市安全生产监督管理部门和省级煤矿安全监察机构可以根据本规定制定实施细则，报国家安全生产监督管理总局和国家煤矿安全监察局备案。

第三十五条　本规定自2006年3月1日起施行。

第五章　及时报告、处理安全事故隐患的责任

第一节　危险源辨识与治理

危险源是事故发生的前提，是事故发生过程中能量与物质释放的主体。因此，有效地管理和控制危险源，特别是重大危险源，对于确保安全生产与职业健康，保证企业的生产顺利进行具有十分重要的意义。

一、危险源及其辨识

1. 危险源的定义

参照第 80 届国际劳工大会通过的《预防重大工业事故公约》和我国《安全生产法》以及其他有关标准，将危险源定义为：长期或临时地生产、加工、搬运、使用或储存危险物质，且危险物的数量等于或超过临界量的单元。此处的单元意指一套生产装置、设施或场所；危险物是指能导致火灾、爆炸或中毒、触电等危险的一种或若干物质的混合物；临界量是指国家法律、法规、标准规定的一种或一类特定危险物质的数量。

2. 危险源的分类

（1）依据我国安全生产领域的相关规定，结合行业的工艺特点，从可操作性出发，以重大危险源所处的场所或设备、设施进行分类，每类中可依据不同的特性进行有层次的展开。一般工业生产作业过程的危险源分为 5 类：易燃、易爆和有毒有害物质危险源，锅炉及压力容器设施类危险源，电气类设施危险源，高温作业区危险源，辐射类危害类危险源。

(2) 按照危险源在事故发生、发展过程中的作用，可以将危险源分为两类：第一类危险源和第二类危险源。第一类危险源是指作用于人体的过量的能量或干扰人体与外界能量交换的危险物质。在实际生产中，往往把产生能量的能量源或拥有能量的能量载体以及产生、储存危险物质的设备、容器或场所看做第一类危险源。第二类危险源是指导致能量或危险物质的约束或限制措施破坏或失效的各种不安全因素。第一类危险源是事故发生的前提，它在发生事故时释放出的能量或危险物质是导致人员伤害或财物损失的能量主体，并决定事故后果的严重程度。第二类危险源是第一类危险源导致事故的必要条件，并决定事故发生可能性的大小。两类危险源的危险性决定了危险源的危险性。第一类危险源的危险性称为系统一类危险性，第二类危险源的危险性称为系统二类危险性，两者决定了系统危险性。

3. 危险源辨识

危险源辨识是发现、识别系统中危险源的工作。它是危险源控制的基础，只有辨识了危险源之后才能有的放矢地考虑如何采取措施控制危险源。

以前，人们主要根据以往的事故经验进行危险源辨识工作。例如，通过与操作者交谈或到现场进行检查，查阅以往的事故记录等方式发现危险源。由于危险源是“潜在的”的不安全因素，比较隐蔽，所以，危险源辨识是件非常困难的工作。在系统比较复杂的场合，危险源辨识工作更加困难，需要利用专门的方法，还需要许多知识和经验。

危险源辨识方法主要有对照法和系统安全分析法。

(1) 对照法。对照法是与有关的标准、规范、规程或经验进行对照，通过对照来辨识危险源。有关的标准、规范、规程，以及常用的安全检查表，都是在大量实践经验的基础上编制而成的，因此，对照法是一种基于经验的方法，适用于有以往经验可供借鉴的情况。

（2）系统安全分析法。系统安全分析法主要是从安全角度进行的系统分析，通过揭示系统中可能导致系统故障或事故的各种因素及其相互关联，来辨识系统中的危险源。系统安全分析方法经常被用来辨识可能带来严重事故后果的危险源，也可以用于辨识没有事故经验的系统危险源。

4. 危险源控制

危险源控制是利用工程技术和管理手段消除、控制危险源，防止危险源导致事故、造成人员伤害和财产损失的工作。危险源控制的基本理论依据是能量意外释放论。控制危险源主要通过工程技术手段来实现。危险源控制技术包括防止事故发生的安全技术和减少或避免事故损失的安全技术。前者在于约束、限制系统中的能量，防止发生意外的能量释放；后者在于避免或减轻意外释放的能量对人或物的作用。显然，在采取危险源控制措施时，应该着眼于前者，做到防患于未然。同时，也应做好充分准备，一旦发生事故，防止事故扩大或引起其他事故（二次事故），把事故造成的损失限制在尽可能小的范围内。

管理也是危险源控制的重要手段。管理的基本功能是计划、组织、指挥、协调、控制。通过一系列有计划、有组织的系统安全管理活动，控制系统中人的因素、物的因素和环境因素，以有效地控制危险源。

5. 危险性评价

危险性是指某种危险源导致事故、造成人员伤亡或财物损失的可能性。危险性包括危险源导致事故的可能性，以及发生事故造成人员伤亡或财物损失的后果严重程度两个方面。

危险性评价是对系统中危险源危险性的综合评价。危险源的危险性评价包括对危险源自身危险性的评价和对危险源控制措施效果的评价两方面。

系统中危险源的存在是绝对的，任何工业生产系统中都存在着若干危险源。受实际的人力、物力等方面因素的限制，不可能完全消除或控制所有的危险源，只能集中有限的人力、物力资源消除、控制危险性较大的危险源。在危险性评价的基础上，按其危险性的大小把危险源分类排队，可以为确定采取控制措施的优先次序提供依据。

采取了危险源控制措施后进行的危险性评价，可以表明危险源控制措施的效果是否达到了预定的要求。如果采取控制措施后危险性仍然很高，则需要进一步研究对策，采取更有效的措施使危险性降低到预定的标准。当危险源的危险性很小时可以被忽略，则不必采取控制措施。危险性评价方法有相对的评价法和概率的评价法两大类。

6. 危险源辨识、评价与控制的实施

按一般意义上的理解，应该在危险源辨识的基础上进行危险源评价，根据危险源危险性评价的结果采取危险源控制措施。但是，在实际工作中，危险源的辨识、评价与控制这三项工作并非严格地按照程序分阶段独立进行，而是相互交叉、相互重叠进行的。

例如，在某一个系统中存在着大量的不安全因素，都可被看做危险源。实际上，受人力、物力等因素的制约，只能把其中一部分具有较高危险性的不安全因素当做危险源来处理，忽略危险性较小的不安全因素。因此，在辨识危险源的过程中，也需要进行危险性评价。在选择控制措施控制危险源时，也同样如此，需要对控制效果进行相应的评价，通过评价选择最有效的控制措施。这种评价通常是通过对比控制前和控制后危险源的危险性进行的。在采取危险源控制措施时，虽然可以控制原有的危险源，危险源控制措施本身却又可能带来新的危险源和危险性，因此，在进行危险源控制时，仍然需要进行危险源辨识和评价工作。

二、危险源辨识的程序

危险源辨识的目的，就是通过对系统的调查与分析，界定出系统中的哪些部分、哪些区域是危险源，判断其危险的性质、危害程度、存在状况，以及危险源能量与物质转化为事故的转化过程规律、转化的条件、触发因素等，以便有效地控制能量和物质的转化，使危险源不至于转化为事故。它是利用科学方法对生产过程中能量、物质的性质、类型、构成要素、触发因素或条件以及后果进行分析与研究，作出科学判断，为控制事故发生提供必要的、可靠的依据。危险源辨识的程序主要包括组织程序和技术程序。

1. 危险源辨识的组织程序

在企业实际生产管理中，对危险源的辨识与监控，可以采取以下组织程序：

（1）对管理人员和技术人员进行专项培训。

（2）确认本企业主要危险源和主要危险源区域。

（3）组织生产班组和操作人员发现危险，进行危险辨识。

（4）组织进行专项设备设施检查，参考有关事故案例，参考有关规程、标准，确认主要危险源。

（5）安全管理人员对危险源进行调查汇总，对所发现的危险源进行审查确认。

（6）对危险源进行管理分级，采取分级监控的措施。

（7）对危险源提出有针对性的安全措施，并不断进行补充完善。

（8）填写危险源登记表，进行危险源分级监控管理。

2. 危险源辨识的技术程序

危险源辨识的技术程序，按照危险源的调查、危险区域的界定、存在条件的及触发因素分析、潜在危险性分析、危险源等级划分等内容进行。

（1）危险源的调查。在进行危险源调查之前，首先确定所要分析的系统，例如是对整个企业还是某个车间或某个生产工艺过程。然后对所分析系统进行调查，调查的主要内容包括生产工艺设备及材料情况、作业环境情况、人员操作情况、事故发生情况、设备与作业安全防护等。

(2) 危险区域的界定。即划定危险源点的范围。首先应对系统进行划分，可按设备、生产装置及设施划分子系统，也可按作业单元划分子系统。然后分析每个子系统中存在的危险源点，一般将产生能量或具有能量、物质、操作人员作业空间、产生聚集危险物质的设备、容器作为危险源点。再以源点为核心加上防护范围即为危险区域，这个危险区域就是危险源的区域。

(3) 存在条件及触发因素的分析。一定数量的危险物质或一定强度的能量，由于存在条件不同，所显现的危险性也不同，被触发转换为事故的可能性大小也不同。因此，存在条件及触发因素的分析是危险源辨识的重要环节。存在条件及触发因素分析包括：储存条件（如堆放方式、其他物品情况、通风等），物理状态参数（如温度、压力等），设备状况（如设备完好程度、设备缺陷、维修保养情况等），防护条件（如防护措施、故障处理措施、安全标志等），操作条件（如操作技术水平、操作失误率等），管理条件等。触发因素可分为人为因素和自然因素。人为因素包括个人因素（如操作失误、不正确操作、粗心大意、漫不经心、心理因素等）和管理因素（如不正确的管理、不正确的训练、指挥失误、判断决策失误、设计差错、错误安排等）。自然因素是指引起危险源转化的各种自然条件及其变化，如气候条件参数（气温、气压、湿度、大气风速）变化、雷电、雨雪、振动、地震等。

(4) 潜在危险性分析。危险源转化为事故，其表现是能量和危险物质的释放。因此，危险源的潜在危险性可用能量的强度和危险物质的量来衡量。能量包括电能、机械能、化学能、核能等，危险源的能量强度越大，表明其潜在危险性越大。危险物质主要包括燃烧爆炸危险物质和有毒有害危险物质两大类。前者泛指能够引起火灾或爆炸的物质，如可燃气体、可燃液体、易燃固体、可燃粉尘、易爆化合物、自燃性物质、混合危险性物质等。后者指直接加害于人体，造成人员中毒、致病、致畸、致癌等的化学物质。可根据使用的危险物质量来描述危险源的危险性。

（5）危险源等级划分。危险源分级一般按危险源在触发因素作用下转化为事故的可能性大小与发生事故的后果严重程度划分。危险源分级实质上是对危险源的评价。按事故出现可能性大小可分为非常容易发生、容易发生、较容易发生、不容易发生、难以发生、极难发生 6 个级别。根据危害程度可分为可忽略、临界的、危险的、破坏性的 4 个级别。也可按单项指标来划分等级。如高处作业根据高差指标将坠落事故危险源划分为 4 级（一级 2～5 m，二级 5～15 m，三级 15～30 m，特级 30 m 以上），按压力指标将压力容器划分为低压容器、中压容器、高压容器、超高压容器 4 级。从控制管理角度，通常根据危险源的潜在危险性大小、控制难易程度、事故可能造成损失情况进行综合分级。

三、危险因素的分类

危险因素是指能造成人员伤亡、影响人的身体健康，或造成物的急性或慢性损坏的因素。严格地说，可分为危险因素（强调突发性和短时性）和危害因素（长时间的累积效应），但在此统称为危险因素。

危险因素的分类方法，根据生产过程和伤亡事故的国家标准不同，可有三种分类方法。

1. 根据《生产过程危险和危害因素分类与代码》的规定分类

根据 GB/T 13816—92《生产过程危险和危害因素分类与代码》的规定，将生产过程的危险因素和危害因素分为 5 大类：

（1）物理性危险因素与危害因素。

（2）化学性危险因素与危害因素。

（3）生物性危险因素与危害因素。

（4）心理、生理性危险因素与危害因素。

（5）行为性危险因素与危害因素。

2. 根据《企业职工伤亡事故分类》的规定分类

参照 GB 6441—1986《企业职工伤亡事故分类》，综合考虑起因物、引起事故发生的诱导性原因、致害物、伤害方式等，将危险因素分为 20 类。

3. 根据《职业病范围和职业病患者处理办法》的规定分类

根据卫生部、原劳动部、财政部、总工会联合颁发的《职业病范围和职业病患者处理办法》的规定，将有害因素分为毒物、粉尘、噪声与振动、高温、低温、致病微生物、辐射（电离辐射、非电离辐射）、其他有害因素 8 类。

四、危险源的分类

危险源是指一个系统中具有潜在能量和物质释放危险的、在一定的触发因素作用下可转化为事故的部位、区域、场所、空间、岗位、设备及其位置。也就是说，危险源是能量、危险物质集中的核心，是能量传出或爆发的地方。危险源存在于确定的系统中，系统范围不同，危险源的区域也不同。例如，对于危险行业（如石油、化工等来说），具体的一个企业（如炼油厂）就是一个危险源；对于一个企业系统来说，某个车间、仓库就是危险源；对于一个车间系统来说，某台设备就是危险源。因此，分析危险源应按系统的不同层次来进行。

危险源应由三个要素构成：潜在危险性、存在条件和触发因素。危险源的潜在危险性是指一旦触发事故可能带来的危害程度或损失大小，或者说危险源可能释放的能量强度或危险物质量的大小。危险源的存在条件是指危险源所处的物理、化学状态和约束条件状态，如物质的压力、温度、化学稳定性，盛装容器的坚固性，周围环境障碍物等。触发因素虽然不属于危险源的固有属性，但它是危险源转化为事故的外因，而且每一类型的危险源都有相应的敏感触发因素。如易燃易爆物质，热能是其敏感的触发因素；又如压力容器，压力升高是其敏感触发因素。因此，一定的危险源总是与相应的触发因素相关联。在触发因素的作用下，危险源转化为危险状态，继而转化为事故。

危险源是可能导致事故发生的潜在的不安全因素。实际上，生产过程中的危险源即不安全因素种类繁多，它们在导致事故发生、造成人员伤害和财产损失方面所起的作用很不相同。相应地，控制它们的原则、方法也很不相同。根据危险源在事故发生、发展中的作用，把危险源划分为两大类，即第一类危险源和第二类危险源。

1. 第一类危险源

现实世界中充满了能量，即充满了危险源，也即充满了发生事故的危险。根据能量意外释放论，事故是能量或危险物质的意外释放，作用于人体的过量的能量或干扰人体与外界能量交换的危险物质是造成人员伤害的直接原因。于是，把系统中存在的、可能发生意外释放的能量或危险物质称为第一类危险源。一般地，能量被解释为物体做功的本领。做功的本领是无形的，只有在做功时才显现出来。因此，实际工作中往往把产生能量的能量源或拥有能量的能量载体看做第一类危险源来处理。例如，带电的导体、奔驰的车辆等。在工业企业生产过程中，比较常见的第一类危险源主要有：

（1）产生、供给能量的装置、设备。产生、供给人们生产、生活能量的装置、设备是典型的能量源。如变电所、供热锅炉等，它们运转时供给或产生很高的能量。

（2）使人体或物体具有较高势能的装置、设备、场所。使人体或物体具有较高势能的装置、设备、场所相当于能量源。如起重、提升机械、高差较大的场所等，使人体或物体具有较高的势能。

（3）能量载体。拥有能量的人或物。如运动中的车辆、机械的运动部件、带电的导体等，本身具有较大能量。

（4）一旦失控可能产生巨大能量的装置、设备、场所。一些正常情况下按人们的意图进行能量的转换和做功，在意外情况下可能产生巨大能量的装置、设备、场所。如强烈放热反应的化工装置，充满爆炸性气体的空间等。

（5）一旦失控可能发生能量蓄积或突然释放的装置、设备、场所。正常情况下多余的能量被泄放而处于安全状态，一旦失控时发生能量的大量蓄积，其结果可能导致大量能量的意外释放的装置、设备、场所。如各种压力容器、受压设备，容易发生静电蓄积的装置、场所等。

（6）危险物质。除了干扰人体与外界能量交换的有害物质外，也包括具有化学能的危险物质。具有化学能的危险物质分为可燃烧爆炸危险物质和有毒有害危险物质两类。前者指能够引起火灾、爆炸的物质，按其物理化学性质分为可燃气体、可燃液体、易燃固体、可燃粉尘、易爆化合物、自燃性物质、忌水性物质和混合危险物质8类；后者指直接加害于人体，造成人员中毒、致病、致畸、致癌等的化学物质。

（7）生产、加工、储存危险物质的装置、设备、场所。这些装置、设备、场所在意外情况下可能引起其中的危险物质起火、爆炸或泄漏。如炸药的生产、加工、储存设施，化工、石油化工生产装置等。

（8）人体一旦与之接触将导致人体能量意外释放的物体。物体的棱角、工件的毛刺、锋利的刃等，一旦运动的人体与之接触，人体的动能意外释放而遭受伤害。

2. 第二类危险源

在企业生产过程中，为了利用能量，让能量按照人们的意图在生产过程中流动、转换和做功，就必须采取屏蔽措施约束、限制能量，即必须控制危险源。约束、限制能量的屏蔽应该能够可靠地控制能量，防止能量意外地释放。然而，实际生产过程中绝对可靠的屏蔽措施并不存在。在许多因素的复杂作用下，约束、限制能量的屏蔽措施可能失效，甚至可能被破坏而发生事故。导致约束、限制能量屏蔽措施失效或破坏的各种不安全因素称为第二类危险源，它包括人、物、环境三个方面的因素。

（1）人的因素。主要是人的不安全行为和人为失误。不安全行为一般指明显违反安全操作规程的行为，这种行为往往直接导致事故发生。例如，不断开电源就带电修理电气线路而发生触电等。人为失误是指人的行为的结果偏离了预定的标准。例如，合错了开关使检修中的线路带电，误开阀门使有害气体泄放等。人的不安全行为、人为失误可能直接破坏对第一类危险源的控制，造成能量或危险物质的意外释放，也可能造成物的因素问题，物的因素问题进而导致事故。

（2）物的因素。可以概括为物的不安全状态和物的故障（或失效）。物的不安全状态是指机械设备、物质等明显地不符合安全要求的状态。例如，没有防护装置的传动齿轮、裸露的带电体等。在我国的安全管理实践中，往往把物的不安全状态称为“隐患”。物的故障（或失效）是指机械设备、零部件等由于性能低下而不能实现预定功能的现象。物的不安全状态和物的故障（或失效）可能直接使约束、限制能量或危险物质的措施失效而发生事故。例如，电线绝缘损坏发生漏电，管路破裂使其中的有毒有害介质泄漏等。有时一种物的故障可能导致另一种物的故障，最终造成能量或危险物质的意外释放。例如，压力容器的泄压装置故障，使容器内部介质压力上升，最终导致容器破裂。物的因素问题有时会诱发人的因素问题，人的因素问题有时会造成物的因素问题，实际情况比较复杂。

（3）环境因素。主要指系统运行的环境，包括温度、湿度、照明、粉尘、通风换气、噪声和振动等物理环境，以及企业和社会的软环境。不良的物理环境会引起物的因素问题或人的因素问题。例如，潮湿的环境会加速金属腐蚀而降低结构或容器的强度；工作场所强烈的噪声影响人的情绪，分散人的注意力而发生人为失误；企业的管理制度、人际关系或社会环境影响人的心理，可能造成人的不安全行为或人为失误。

五、危险源的控制管理

1. 危险源控制途径

危险源的控制可从三方面进行，即技术控制、人行为控制和管理控制。

（1）技术控制。即采用技术措施对固有危险源进行控制，主要技术有消除、控制、防护、隔离、监控、保留和转移等。

（2）人行为控制。即控制人为失误，减少人不正确行为对危险源的触发作用。人为失误的主要表现形式有：操作失误，指挥错误，不正确的判断或缺乏判断，粗心大意，厌烦，懒散，疲劳，紧张，疾病或生理缺陷，错误使用防护用品和防护装置等。人行为的控制首先是加强教育培训，做到人的安全化；其次应做到操作安全化。

（3）管理控制。可采取以下管理措施，对危险源实行控制：

1）建立健全危险源管理的规章制度。危险源确定后，在对危险源进行系统危险性分析的基础上，建立健全各项规章制度，包括岗位安全生产责任制、危险源重点控制实施细则、安全操作规程、操作人员培训考核制度、日常管理制度、交接班制度、检查制度、信息反馈制度、危险作业审批制度、异常情况应急措施、考核奖惩制度等。

2）明确责任、定期检查。应根据各危险源的等级分别确定各级的负责人，并明确他们应负的具体责任。特别是要明确各级危险源的定期检查责任。除了作业人员必须每天自查外，还要规定各级领导定期参加检查。对于重点危险源，应做到公司总经理（厂长、所长等）半年一查，分厂厂长月查，车间主任（室主任）周查，工段、班组长日查。对于低级别的危险源也应制定出详细的检查安排计划。对危险源的检查要对照检查表逐条逐项，按规定的方法和标准进行检查，并做记录。如果发现隐患，则应按信息反馈制度及时反馈，促使其及时得到消除。凡未按要求履行检查职责而导致事故者，要依法追究其责任。专职安技人员要对各级人员实行检查的情况定期检查、监督，并严格进行考评，以实现管理的封闭。

3）加强危险源的日常管理。要严格要求作业人员贯彻执行有关危险源日常管理的规章制度。搞好安全值班、交接班，按安全操作规程进行操作；按安全检查表进行日常安全检查；危险作业经过审批等。所有活动均应按要求认真作好记录。领导和安全技术部门定期进行严格检查考核，发现问题及时给予指导教育，根据检查考核情况进行奖惩。

4）抓好信息反馈、及时整改隐患。要建立健全危险源信息反馈系统，制定信息反馈制度并严格贯彻实施。对检查发现的事故隐患，应根据其性质和严重程度，按照规定分级实行信息反馈和整改，做好记录，发现重大隐患应立即向安全技术部门和行政第一领导报告。信息反馈和整改的责任应落实到人。各级领导和安全技术部门对信息反馈和隐患整改的情况要进行定期考核和奖惩。安全技术部门要定期收集、处理信息，及时提供给各级领导研究决策，不断改进危险源的控制管理工作。

5）搞好危险源控制管理的基础建设工作。危险源控制管理的基础工作除建立健全各项规章制度外，还应建立健全危险源的安全档案和设置安全标志牌。应按安全档案管理的有关内容要求建立危险源的档案，并指定专人专门保管，定期整理。应在危险源的显著位置悬挂安全标志牌，标明危险等级，注明负责人员，按照国家标准的安全标志表明主要危险，并扼要注明防范措施。

6）搞好危险源控制管理的考核评价和奖惩。应对危险源控制管理的各方面工作制定考核标准，并力求量化，划分等级。定期严格考核评价，给予奖惩并与班组升级和评先进结合起来。逐年提高要求，促使危险源控制管理的水平不断提高。

2. 危险源点分级管理

目前，许多企业推行危险源点分级管理，收到了良好的效果。增强了各级领导的安全责任感，提高了作业人员的安全意识、安全知识水平和预防事故的能力，加强了企业安全生产管理的基础工作，提高了危险源点的整体控制水平。

所谓危险源点，是指包含第一类危险源的生产设备、设施、生产岗位、作业单元等。在安全生产管理方面，危险源点分级管理注重对这些危险源“点”的管理。

危险源点分级管理是系统安全工程中危险辨识、控制与评价在生产现场安全管理中的具体应用，体现了现代安全生产管理的特征。与传统的安全生产管理相比较，危险源点分级管理有以下特点：

（1）体现“预防为主”。危险源点分级管理的基础是危险源辨识和评价，它以系统安全分析和危险性评价作为基本手段，对隐含在危险源点中的潜在不安全因素进行识别、分析、评价，找出危险源控制方面需要特别加强的地方，提前采取措施把不安全因素消灭在萌芽阶段，从而大大提高了安全生产管理的主动性、科学性和有效性。

（2）全面系统的管理。危险源点分级管理是把整个危险源点作为一个完整的系统，它通过对有关的人员、设备、环境、信息等诸要素的综合管理取得危险源点控制的最佳效果。对系统整体安全目标的追求势必导致对各管理要素提出更高的要求，从而有助于实现安全生产管理的标准化、规范化和科学化。

（3）突出重点的管理。企业中存在着大量的危险源，每个危险源点都有发生事故的可能性。但是，不同的危险源、不同的危险源点发生事故的危险性是不同的，安全生产管理工作应该把管理、控制重点放到发生事故频率高、事故后果严重的危险源点上。

根据危险源点危险性大小对危险源点进行分级管理，可以突出安全生产管理的重点，把有限的人、财、物力集中起来解决最关键的安全问题。抓住了重点也可以带动一般，推动企业安全生产管理水平的普遍提高。

3. 危险源控制的基本原则

危险源控制的基本原则主要有消除优先原则、降低风险原则、个体防护原则等。

（1）消除优先原则。首先考虑通过合理的设计和科学的管理，尽可能从根本上消除危险源，实现本质安全。如采用无害工艺技术、生产中以无害物质代替有害物质、实现自动化、遥控技术等。

（2）降低风险原则。若无法从根本上消除危险源，其次考虑降低风险。采取技术和管理措施，努力降低伤害或损坏发生的概率或潜在的严重程度。

（3）个体防护原则。在采取消除或降低风险措施后，还不能完全保证作业人员的安全健康时，最后考虑个体防护设备，作为补充对策。如穿戴特种劳动防护用品等。

第二节　生产安全事故报告责任

一、生产安全事故报告的原则要求

事故报告是安全生产工作中的一项十分重要的内容。事故发生后，及时、准确、完整地报告事故，对于及时、有效地组织事故救援，减少事故损失，顺利开展事故调查具有十分重要的意义。因此，《安全生产法》和《生产安全事故报告和调查处理条例》都对生产安全事故报告作出了严格要求。

《生产安全事故报告和调查处理条例》第四条第一款规定，生产安全事故报告应当及时、准确、完整，任何单位和个人对事故不得迟报、漏报、谎报或者瞒报。

《安全生产法》第七十条、第七十一条规定，生产经营单位发生生产安全事故后，事故现场有关人员应当立即报告本单位负责人。单位负责人接到事故报告后，应当迅速采取有效措施，组织抢救，防止事故扩大，减少人员伤亡和财产损失，并按照国家有关规定立即如实报告当地负有安全生产监督管理职责的部门，不得隐瞒不报、谎报或者拖延不报，不得故意破坏事故现场、毁灭有关证据。负有安全生产监督管理职责的部门接到事故报告后，应当立即按照国家有关规定上报事故情况。负有安全生产监督管理职责的部门和有关地方人民政府对事故情况不得隐瞒不报、谎报或者拖延不报。

二、生产安全事故报告责任

《安全生产法》和《生产安全事故报告和调查处理条例》都明确规定了事故报告责任，下列人员和单位负有报告事故的责任：

（1）事故现场有关人员。

（2）事故发生单位的主要负责人。

（3）安全生产监督管理部门。

（4）负有安全生产监督管理职责的有关部门。

（5）有关地方人民政府。

事故单位负责人既有向县级以上人民政府安全生产监督管理部门报告的责任，又有向负有安全生产监督管理职责的有关部门报告的责任，即事故报告是两条线，实行双报告制。

安全生产监督管理部门和负有安全生产监督管理职责的有关部门，既有向上级部门报告事故的责任，又有同时报告本级人民政府的责任。

三、生产安全事故报告程序和时限

根据《生产安全事故报告和调查处理条例》的有关规定，事故现场有关人员、事故单位负责人和有关部门应当按照下列程序和时间要求报告事故：

（1）事故发生后，事故现场有关人员应当立即向本单位负责人报告；情况紧急时，事故现场有关人员可以直接向事故发生地县级以上人民政府安全生产监督管理部门和负有安全生产监督管理职责的有关部门报告。

（2）单位负责人接到事故报告后，应当于1小时内向事故发生地县级以上人民政府安全生产监督管理部门和负有安全生产监督管理职责的有关部门报告。

（3）安全生产监督管理部门和负有安全生产监督管理职责的有关部门接到事故报告后，应当按照事故的级别逐级上报事故情况，并报告同级人民政府，通知公安机关、劳动保障行政部门、工会和人民检察院，且每级上报的时间不得超过2小时。

1）特别重大事故、重大事故逐级上报至国务院安全生产监督管理部门和负有安全生产监督管理职责的有关部门。

2）较大事故逐级上报至省、自治区、直辖市人民政府安全生产监督管理部门和负有安全生产监督管理职责的有关部门。

3）一般事故上报至设区的市级人民政府安全生产监督管理部门和负有安全生产监督管理职责的有关部门。

（4）国务院安全生产监督管理部门和负有安全生产监督管理职责的有关部门，以及省级人民政府安全生产监督管理部门和负有安全生产监督管理职责的有关部门接到发生特别重大事故、重大事故的报告后，应当立即报告国务院。

（5）必要时，安全生产监督管理部门和负有安全生产监督管理职责的有关部门可以越级上报事故情况。

第三节 生产安全事故报告的内容

一、事故报告的内容

根据《生产安全事故报告和调查处理条例》的有关规定，事故报告的内容应当包括事故发生单位概况、事故发生的时间、地点、简要经过和事故现场情况，事故已经造成或者可能造成的伤亡人数和初步估计的直接经济损失，以及已经采取的措施等。事故报告后出现新情况的，还应当及时补报。

1. 事故发生单位概况

事故发生单位概况应当包括单位的全称、所处地理位置、所有制形式和隶属关系、生产经营范围和规模、持有各类证照的情况、单位负责人的基本情况以及近期的生产经营状况等。对于不同行业的企业，报告的内容应该根据实际情况来确定，但是应当以全面、简洁为原则。

2. 事故发生的时间、 地点以及事故现场情况

报告事故发生的时间应当具体，并尽量精确到分钟。报告事故发生的地点要准确，除事故发生的中心地点外，还应当报告事故所波及的区域。报告事故现场情况应当全面，不仅应当报告现场的总体情况，还应当报告现场的人员伤亡情况、设备设施的毁损情况；不仅应当报告事故发生后的现场情况，还应当尽量报告事故发生前的现场情况。

3. 事故的简要经过

事故的简要经过是对事故全过程的简要叙述。核心要求在于“全”和“简”。“全”就是要全过程描述，“简”就是要简单明了。但是，描述要前后衔接、脉络清晰、因果相连。需要强调的是，由于事故的发生往往是在一瞬间，对事故经过的描述应当特别注意事故发生前作业场所有关人员和设备设施的一些细节，因为这些细节可能就是引发事故的重要原因。

4. 事故已经造成或者可能造成的伤亡人数 （包括下落不明的人数） 和初步估计的直接经济损失

对于人员伤亡情况的报告，应当遵守实事求是的原则，不作无根据的猜测，更不能隐瞒实际伤亡人数。在矿山事故中，往往出现多人被困井下的情况，对可能造成的伤亡人数，要根据事故单位当班记录，尽可能准确地报告。对直接经济损失的初步估算，主要指事故所导致的建筑物的毁损、生产设备设施和仪器仪表的损坏等。由于人员伤亡情况和经济损失情况直接影响事故等级的划分，并因此决定事故的调查处理等后续重大问题，在报告这方面情况时应当谨慎细致，力求准确。

5. 已经采取的措施

已经采取的措施主要是指事故现场有关人员、事故单位负责人、已经接到事故报告的安全生产管理部门为减少损失、防止事故扩大和便于事故调查所采取的应急救援和现场保护等具体措施。

6. 事故的补报

事故报告后出现新情况的，应当及时补报。自事故发生之日起30日内，事故造成的伤亡人数发生变化的，应当及时补报。道路交通事故、火灾事故自发生之日起7日内，事故造成的伤亡人数发生变化的，应当及时补报。

二、事故调度统计报告的内容

国家安全监管总局《关于印发〈安全生产调度统计业务规范〉的通知》（安监总厅字〔2005〕56号）和《国家安全监管总局关于调整生产安全事故调度统计报告的通知》（安监总调度〔2007〕120号），对生产安全事故调度统计报告范围、内容和时限作出了如下规定：

1. 生产安全事故调度统计报告范围

（1）生产经营活动中发生的造成人员死亡、重伤（包括急性工业中毒）或者直接经济损失在100万元以上的各类生产安全事故。

（2）各类非法生产经营事故。

（3）事故性质暂时界定不清的各类事故。

2. 调度快报的内容

调度快报事故范围是指生产经营活动中各行业领域发生的特别重大事故、重大事故、较大事故和煤矿一般事故，较大以上涉险事故，事故性质暂时不清的较大及以上事故。调度快报的内容主要包括：

（1）事故发生的时间（年、月、日、时、分）。

（2）事故发生地。详细列省（区、市）、市（地）、县（市）、乡（镇）。

（3）发生事故的单位名称、经济类型（国有和国有控股、集体和集体控股、民营和民营控股以及合资、外资等）。

（4）事故类型（按照各行业和领域的事故类型报告）。

（5）生产规模和能力（设计、核定）。

（6）发生事故单位的安全评估等级和持有证件情况。

（7）发生事故的车辆、船舶、飞行器、容器等牌号、名称及核载、实载情况。

（8）事故简要情况（事故的经过及事故原因初步分析）。

（9）事故现场总人数和伤亡人数（死亡、失踪、被困、轻伤、重伤、急性工业中毒等）。

（10）初步估计事故造成的直接经济损失。

（11）事故抢救进展情况和采取的措施。

3. 调度快报时限

省级安全生产监督管理部门、煤矿安全监察机构接到较大及以上事故报告后，要在2小时内报送至安全监管总局（调度统计司）。

对事故情况暂时不清的，可先报送事故概况并及时跟踪，或有新情况续报。

省级煤矿安全监察机构接到煤矿一般事故报告，每周周五前和每月月末报送至安全监管总局（调度统计司）。

4. 事故快报的方式

接到事故信息后，根据事故情况，按以下方式逐级报送：

（1）一次死亡（遇险）10 人以下事故使用国家安全生产监督管理总局统一的网络传输软件报送，尚不具备网络传输条件的可使用传真报送；

（2）一次死亡（遇险）10 人以上（含 10 人）事故、社会影响重大事故和重特大未遂伤亡事故发生后，使用网络传输软件和电话同时报告，不具备网络传输条件的使用传真和电话同时报告。

三、统计月报

1. 统计月报内容

生产安全事故统计月报的内容，包括事故发生单位的名称、地址、事故死亡、事故重伤（包括急性工业中毒）、直接经济损失、事故原因、事故类别等情况。

2. 统计月报时限

省级安全生产监督管理部门、煤矿安全监察机构应按照《安全监管总局办公厅关于调整生产安全事故报告时间的通知》（安监总厅统计〔2007〕37 号）要求，于每月 6 日前，将上月本地区工矿商贸企业各类生产安全事故卡片报送至安全监管总局（调度统计司）。

3. 事故统计月报的报送方式

各类工矿商贸企业伤亡事故由安全生产监督管理部门负责统计报告；煤矿企业伤亡事故由煤矿安全监察机构负责统计报告（未设立煤矿安全监察机构的地区，由当地安全生产监督管理部门报告）。

事故统计月报使用国家安全生产监督管理总局统一的伤亡事故

统计软件通过专用网络报送伤亡事故统计卡片；尚不具备专用网络传输条件的单位，可使用公共网络报送事故统计卡片。

第四节　生产安全事故隐患报告与治理相关法律法规规定

一、《安全生产法》相关规定

第四十五条　生产经营单位的从业人员有权了解其作业场所和工作岗位存在的危险因素、防范措施及事故应急措施，有权对本单位的安全生产工作提出建议。

第六十五条　居民委员会、村民委员会发现其所在区域内的生产经营单位存在事故隐患或者安全生产违法行为时，应当向当地人民政府或者有关部门报告。

二、《职业病防治法》相关规定

第十六条　国家建立职业病危害项目申报制度。

用人单位工作场所存在职业病目录所列职业病的危害因素的，应当及时、如实向所在地安全生产监督管理部门申报危害项目，接受监督。

三、《矿山安全法》相关规定

第七条　矿山建设工程的安全设施必须和主体工程同时设计、同时施工、同时投入生产和使用。

第十六条　矿山企业必须对机电设备及其防护装置、安全检测仪器，定期检查、维修，保证使用安全。

第十七条　矿山企业必须对作业场所中的有毒有害物质和井下空气含氧量进行检测，保证符合安全要求。

第十八条 矿山企业必须对下列危害安全的事故隐患采取预防措施：

（一）冒顶、片帮、边坡滑落和地表塌陷；

（二）瓦斯爆炸、煤尘爆炸；

（三）冲击地压、瓦斯突出、井喷；

（四）地面和井下的火灾、水害；

（五）爆破器材和爆破作业发生的危害；

（六）粉尘、有毒有害气体、放射性物质和其他有害物质引起的危害；

（七）其他危害。

第十九条 矿山企业对使用机械、电气设备，排土场、矸石山、尾矿库和矿山闭坑后可能引起的危害，应当采取预防措施。

第三十三条 县级以上各级人民政府劳动行政主管部门对矿山安全工作行使下列监督职责：

（一）检查矿山企业和管理矿山企业的主管部门贯彻执行矿山安全法律、法规的情况；

（二）参加矿山建设工程安全设施的设计审查和竣工验收；

（三）检查矿山劳动条件和安全状况；

（四）检查矿山企业职工安全教育、培训工作；

（五）监督矿山企业提取和使用安全技术措施专项费用的情况；

（六）参加并监督矿山事故的调查和处理；

（七）法律、行政法规规定的其他监督职责。

第三十四条 县级以上人民政府管理矿山企业的主管部门对矿山安全工作行使下列管理职责：

（一）检查矿山企业贯彻执行矿山安全法律、法规的情况；

（二）审查批准矿山建设工程安全设施的设计；

（三）负责矿山建设工程安全设施的竣工验收；

（四）组织矿长和矿山企业安全工作人员的培训工作；

（五）调查和处理重大矿山事故；

（六）法律、行政法规规定的其他管理职责。

第三十九条　矿山事故发生后，应当尽快消除现场危险，查明事故原因，提出防范措施。现场危险消除后，方可恢复生产。

四、《生产安全事故报告和调查处理条例》相关规定

第四条　事故报告应当及时、准确、完整，任何单位和个人对事故不得迟报、漏报、谎报或者瞒报。

第六条　工会依法参加事故调查处理，有权向有关部门提出处理意见。

第七条　任何单位和个人不得阻挠和干涉对事故的报告和依法调查处理。

第八条　对事故报告和调查处理中的违法行为，任何单位和个人有权向安全生产监督管理部门、监察机关或者其他有关部门举报，接到举报的部门应当依法及时处理。

第九条　事故发生后，事故现场有关人员应当立即向本单位负责人报告；单位负责人接到报告后，应当于1小时内向事故发生地县级以上人民政府安全生产监督管理部门和负有安全生产监督管理职责的有关部门报告。

情况紧急时，事故现场有关人员可以直接向事故发生地县级以上人民政府安全生产监督管理部门和负有安全生产监督管理职责的有关部门报告。

第十六条　事故发生后，有关单位和人员应当妥善保护事故现场以及相关证据，任何单位和个人不得破坏事故现场、毁灭相关证据。

因抢救人员、防止事故扩大以及疏通交通等原因，需要移动事故现场物件的，应当做出标志，绘制现场简图并做出书面记录，妥善保存现场重要痕迹、物证。

第十七条 事故发生地公安机关根据事故的情况，对涉嫌犯罪的，应当依法立案侦查，采取强制措施和侦查措施。犯罪嫌疑人逃匿的，公安机关应当迅速追捕归案。

第二十六条 事故调查组有权向有关单位和个人了解与事故有关的情况，并要求其提供相关文件、资料，有关单位和个人不得拒绝。

事故发生单位的负责人和有关人员在事故调查期间不得擅离职守，并应当随时接受事故调查组的询问，如实提供有关情况。

事故调查中发现涉嫌犯罪的，事故调查组应当及时将有关材料或者其复印件移交司法机关处理。

第三十六条 事故发生单位及其有关人员有下列行为之一的，对事故发生单位处 100 万元以上 500 万元以下的罚款；对主要负责人、直接负责的主管人员和其他直接责任人员处上一年年收入 60%至 100%的罚款；属于国家工作人员的，并依法给予行政处分；构成违反治安管理行为的，由公安机关依法给予治安管理处罚；构成犯罪的，依法追究刑事责任：

（一）谎报或者瞒报事故的；

（二）伪造或者故意破坏事故现场的；

（三）转移、隐匿资金、财产，或者销毁有关证据、资料的；

（四）拒绝接受调查或者拒绝提供有关情况和资料的；

（五）在事故调查中作伪证或者指使他人作伪证的；

（六）事故发生后逃匿的。

五、《危险化学品重大危险源监督管理暂行规定》相关规定

第七条 危险化学品单位应当按照《危险化学品重大危险源辨识》标准，对本单位的危险化学品生产、经营、储存和使用装置、设施或者场所进行重大危险源辨识，并记录辨识过程与结果。

第八条 危险化学品单位应当对重大危险源进行安全评估并确

定重大危险源等级。危险化学品单位可以组织本单位的注册安全工程师、技术人员或者聘请有关专家进行安全评估，也可以委托具有相应资质的安全评价机构进行安全评估。

依照法律、行政法规的规定，危险化学品单位需要进行安全评价的，重大危险源安全评估可以与本单位的安全评价一起进行，以安全评价报告代替安全评估报告，也可以单独进行重大危险源安全评估。

重大危险源根据其危险程度，分为一级、二级、三级和四级，一级为最高级别。重大危险源分级方法由本规定附件1列示。

第九条　重大危险源有下列情形之一的，应当委托具有相应资质的安全评价机构，按照有关标准的规定采用定量风险评价方法进行安全评估，确定个人和社会风险值：

（一）构成一级或者二级重大危险源，且毒性气体实际存在（在线）量与其在《危险化学品重大危险源辨识》中规定的临界量比值之和大于或等于1的；

（二）构成一级重大危险源，且爆炸品或液化易燃气体实际存在（在线）量与其在《危险化学品重大危险源辨识》中规定的临界量比值之和大于或等于1的。

第十二条　危险化学品单位应当建立完善重大危险源安全管理规章制度和安全操作规程，并采取有效措施保证其得到执行。

第十三条　危险化学品单位应当根据构成重大危险源的危险化学品种类、数量、生产、使用工艺（方式）或者相关设备、设施等实际情况，按照下列要求建立健全安全监测监控体系，完善控制措施：

（一）重大危险源配备温度、压力、液位、流量、组分等信息的不间断采集和监测系统以及可燃气体和有毒有害气体泄漏检测报警装置，并具备信息远传、连续记录、事故预警、信息存储等功能；一级或者二级重大危险源，具备紧急停车功能。记录的电子数据的保存时间不少于30天。

（二）重大危险源的化工生产装置装备满足安全生产要求的自动

化控制系统；一级或者二级重大危险源，装备紧急停车系统。

（三）对重大危险源中的毒性气体、剧毒液体和易燃气体等重点设施，设置紧急切断装置；毒性气体的设施，设置泄漏物紧急处置装置。涉及毒性气体、液化气体、剧毒液体的一级或者二级重大危险源，配备独立的安全仪表系统（SIS）。

（四）重大危险源中储存剧毒物质的场所或者设施，设置视频监控系统。

（五）安全监测监控系统符合国家标准或者行业标准的规定。

第十五条 危险化学品单位应当按照国家有关规定，定期对重大危险源的安全设施和安全监测监控系统进行检测、检验，并进行经常性维护、保养，保证重大危险源的安全设施和安全监测监控系统有效、可靠运行。维护、保养、检测应当做好记录，并由有关人员签字。

第十六条 危险化学品单位应当明确重大危险源中关键装置、重点部位的责任人或者责任机构，并对重大危险源的安全生产状况进行定期检查，及时采取措施消除事故隐患。事故隐患难以立即排除的，应当及时制定治理方案，落实整改措施、责任、资金、时限和预案。

第十七条 危险化学品单位应当对重大危险源的管理和操作岗位人员进行安全操作技能培训，使其了解重大危险源的危险特性，熟悉重大危险源安全管理规章制度和安全操作规程，掌握本岗位的安全操作技能和应急措施。

第十八条 危险化学品单位应当在重大危险源所在场所设置明显的安全警示标志，写明紧急情况下的应急处置办法。

第十九条 危险化学品单位应当将重大危险源可能发生的事故后果和应急措施等信息，以适当方式告知可能受影响的单位、区域及人员。

第二十条 危险化学品单位应当依法制定重大危险源事故应急

预案，建立应急救援组织或者配备应急救援人员，配备必要的防护装备及应急救援器材、设备、物资，并保障其完好和方便使用；配合地方人民政府安全生产监督管理部门制定所在地区涉及本单位的危险化学品事故应急预案。

对存在吸入性有毒、有害气体的重大危险源，危险化学品单位应当配备便携式浓度检测设备、空气呼吸器、化学防护服、堵漏器材等应急器材和设备；涉及剧毒气体的重大危险源，还应当配备两套以上（含本数）气密型化学防护服；涉及易燃易爆气体或者易燃液体蒸气的重大危险源，还应当配备一定数量的便携式可燃气体检测设备。

第二十一条　危险化学品单位应当制定重大危险源事故应急预案演练计划，并按照下列要求进行事故应急预案演练：

（一）对重大危险源专项应急预案，每年至少进行一次；

（二）对重大危险源现场处置方案，每半年至少进行一次。

应急预案演练结束后，危险化学品单位应当对应急预案演练效果进行评估，撰写应急预案演练评估报告，分析存在的问题，对应急预案提出修订意见，并及时修订完善。

第三十三条　危险化学品单位有下列行为之一的，由县级以上人民政府安全生产监督管理部门责令限期改正；逾期未改正的，责令停产停业整顿，并处5万元以下的罚款：

（一）未在构成重大危险源的场所设置明显的安全警示标志的；

（二）未对重大危险源中的设备、设施等进行定期检测、检验的。

第三十四条　危险化学品单位有下列情形之一的，由县级以上人民政府安全生产监督管理部门给予警告，可以并处5000元以上3万元以下的罚款：

（一）未按照标准对重大危险源进行辨识的；

（二）未按照本规定明确重大危险源中关键装置、重点部位的责任人或者责任机构的；

（三）未按照本规定建立应急救援组织或者配备应急救援人员，

以及配备必要的防护装备及器材、设备、物资，并保障其完好的；

（四）未按照本规定进行重大危险源备案或者核销的；

（五）未将重大危险源可能引发的事故后果、应急措施等信息告知可能受影响的单位、区域及人员的；

（六）未按照本规定要求开展重大危险源事故应急预案演练的；

（七）未按照本规定对重大危险源的安全生产状况进行定期检查，采取措施消除事故隐患的。

六、《安全生产事故隐患排查治理暂行规定》相关规定

第三条　本规定所称安全生产事故隐患（以下简称事故隐患），是指生产经营单位违反安全生产法律、法规、规章、标准、规程和安全生产管理制度的规定，或者因其他因素在生产经营活动中存在可能导致事故发生的物的危险状态、人的不安全行为和管理上的缺陷。

事故隐患分为一般事故隐患和重大事故隐患。一般事故隐患，是指危害和整改难度较小，发现后能够立即整改排除的隐患。重大事故隐患，是指危害和整改难度较大，应当全部或者局部停产停业，并经过一定时间整改治理方能排除的隐患，或者因外部因素影响致使生产经营单位自身难以排除的隐患。

第四条　生产经营单位应当建立健全事故隐患排查治理制度。

生产经营单位主要负责人对本单位事故隐患排查治理工作全面负责。

第五条　各级安全监管监察部门按照职责对所辖区域内生产经营单位排查治理事故隐患工作依法实施综合监督管理；各级人民政府有关部门在各自职责范围内对生产经营单位排查治理事故隐患工作依法实施监督管理。

第六条　任何单位和个人发现事故隐患，均有权向安全监管监察部门和有关部门报告。

安全监管监察部门接到事故隐患报告后，应当按照职责分工立

即组织核实并予以查处；发现所报告事故隐患应当由其他有关部门处理的，应当立即移送有关部门并记录备查。

第八条　生产经营单位是事故隐患排查、治理和防控的责任主体。

生产经营单位应当建立健全事故隐患排查治理和建档监控等制度，逐级建立并落实从主要负责人到每个从业人员的隐患排查治理和监控责任制。

第十条　生产经营单位应当定期组织安全生产管理人员、工程技术人员和其他相关人员排查本单位的事故隐患。对排查出的事故隐患，应当按照事故隐患的等级进行登记，建立事故隐患信息档案，并按照职责分工实施监控治理。

第十一条　生产经营单位应当建立事故隐患报告和举报奖励制度，鼓励、发动职工发现和排除事故隐患，鼓励社会公众举报。对发现、排除和举报事故隐患的有功人员，应当给予物质奖励和表彰。

第十四条　生产经营单位应当每季、每年对本单位事故隐患排查治理情况进行统计分析，并分别于下一季度 15 日前和下一年 1 月 31 日前向安全监管监察部门和有关部门报送书面统计分析表。统计分析表应当由生产经营单位主要负责人签字。

对于重大事故隐患，生产经营单位除依照前款规定报送外，应当及时向安全监管监察部门和有关部门报告。重大事故隐患报告内容应当包括：

（一）隐患的现状及其产生原因；

（二）隐患的危害程度和整改难易程度分析；

（三）隐患的治理方案。

第十五条　对于一般事故隐患，由生产经营单位（车间、分厂、区队等）负责人或者有关人员立即组织整改。

对于重大事故隐患，由生产经营单位主要负责人组织制定并实施事故隐患治理方案。重大事故隐患治理方案应当包括以下内容：

（一）治理的目标和任务；

（二）采取的方法和措施；

（三）经费和物资的落实；

（四）负责治理的机构和人员；

（五）治理的时限和要求；

（六）安全措施和应急预案。

第十六条　生产经营单位在事故隐患治理过程中，应当采取相应的安全防范措施，防止事故发生。事故隐患排除前或者排除过程中无法保证安全的，应当从危险区域内撤出作业人员，并疏散可能危及的其他人员，设置警戒标志，暂时停产停业或者停止使用；对暂时难以停产或者停止使用的相关生产储存装置、设施、设备，应当加强维护和保养，防止事故发生。

第十七条　生产经营单位应当加强对自然灾害的预防。对于因自然灾害可能导致事故灾难的隐患，应当按照有关法律、法规、标准和本规定的要求排查治理，采取可靠的预防措施，制定应急预案。在接到有关自然灾害预报时，应当及时向下属单位发出预警通知；发生自然灾害可能危及生产经营单位和人员安全的情况时，应当采取撤离人员、停止作业、加强监测等安全措施，并及时向当地人民政府及其有关部门报告。

第二十六条　生产经营单位违反本规定，有下列行为之一的，由安全监管监察部门给予警告，并处三万元以下的罚款：

（一）未建立安全生产事故隐患排查治理等各项制度的；

（二）未按规定上报事故隐患排查治理统计分析表的；

（三）未制定事故隐患治理方案的；

（四）重大事故隐患不报或者未及时报告的；

（五）未对事故隐患进行排查治理擅自生产经营的；

（六）整改不合格或者未经安全监管监察部门审查同意擅自恢复生产经营的。

第六章　积极参加事故应急预案演习和抢险救灾的责任

第一节　事故应急预案及其内容

一、事故应急预案的定义与基本要求

1. 事故应急预案的定义及其作用

（1）事故应急预案的定义。事故应急预案明确了在突发事故发生之前、发生过程中以及刚刚结束之后，谁负责做什么、何时做，以及相应的策略和资源准备等。它是针对可能发生的重大事故及其影响和后果的严重程度，为应急准备和应急响应的各个方面所预先作出的详细安排，是开展及时、有序和有效事故应急救援工作的行动指南。

（2）应急预案的作用。应急预案在应急救援中的突出重要作用和地位体现在：

1）应急预案明确了应急救援的范围和体系，使应急准备和应急管理不再是无据可依、无章可循，尤其是培训和演习工作的开展。

2）制定应急预案有利于作出及时的应急响应，降低生产安全事故后果。

3）作为各类生产安全事故的应急基础。通过编制基本事故应急预案，对事先无法预料的突发事故，可以起到应急指导作用，成为开展应急救援的“底线”。在此基础上，可以针对特定危害编制专项应急预案，有针对性地制定应急措施，进行专项应急准备和演习；

4）当发生超过应急能力的重大生产安全事故时，便于与上级应急部门的协调。

5）有利于提高风险防范意识。

2. 事故应急预案的基本要求

（1）科学性。生产安全事故的应急工作是一项科学性很强的工作，制定事故应急预案也必须以科学的态度，在全面调查研究的基础上，开展科学分析和论证，制定出严密、统一、完整的应急反应方案，使预案真正具有科学性。

（2）实用性。事故应急预案应符合生产安全事故现场和当地的客观情况，具有适用性、实用性和针对性，便于现实操作。

（3）权威性。救援工作是一项紧急状态下的应急性工作，所制定的应急救援预案应明确救援工作的管理体系，救援行动的组织指挥权限和各级救援组织的职责和任务等一系列的行政性管理规定，保证救援工作的统一指挥。应急救援预案还应经上级部门批准后才能实施，保证预案具有一定的权威性和法律保障。

二、事故应急预案的种类

1. 按照责任主体分类

从行政层面上，根据可能发生的生产安全事故造成的事故后果的影响范围、地点及应急方式，建立我国事故应急救援体系，可将应急预案分为如下5种级别：

（1）企业级应急预案。这类事故的有害影响局限在一个单位的界区之内，并且可被现场的操作者遏制和控制在该区域内。这类事故可能需要投入整个单位的力量来控制，但其影响预期不会扩大到社区或公共区。

（2）县/区级应急预案。这类事故所涉及的影响可扩大到公共区（社区），但可被该县（市、区）或社区的力量，加上所涉及的工厂或工业部门的力量所控制。

（3）市/地级应急预案。这类事故影响范围大，后果严重，或是发生在两个县或县级市管辖区边界上的事故。应急救援需动用地区的力量。

（4）省级应急预案。对可能发生的特大火灾、爆炸、毒物泄漏事故、特大危险品运输事故以及属省级特大事故隐患、省级重大危险源，应建立省级应急预案。它可能是一种规模极大的灾难事故，或可能是一种需要用事故发生的城市或地区所没有的特殊技术和设备进行处理的特殊事故。这类事故需用全省范围内的力量来控制。

（5）国家级应急预案。对生产安全事故的事故后果超过省、直辖市、自治区边界或事故应急处理能力，以及列为国家级事故隐患、重大危险源的设施或场所，或《国家生产安全事故应急预案》明确划分的特别重大和重大的安全生产事件，需要国家统一协调、指导和响应的突发事故，应制定国家级应急预案。《国家突发公共事件总体应急预案》是全国应急预案体系的总纲，规定了国务院应对重大突发公共事件的工作原则、组织体系和运行机制，对于指导地方各级政府和各部门有效处置突发公共事件，保障公众生命财产安全，减少灾害损失，具有重要作用。根据突发公共事件的发生过程、性质和机理，国家级应急预案将突发公共事件分为自然灾害、事故灾难、突发公共卫生事件和突发社会安全事件四大类。

2. 按功能与目标分类

应急预案从功能与目标上可以划分为四种类型：综合预案、专项预案、现场预案和单项应急救援方案。

（1）综合预案。是总体、全面的预案，以场外指挥与集中指挥为主，侧重在应急救援活动的组织协调。一般大型企业或行业集团，下属很多分公司，比较适于编制这类预案，可以做到统一指挥和资源的最大利用。

（2）专项预案。主要针对某种特有和具体的事故灾难风险（灾害种类），如地震、重大工业事故、流域重大水体污染事故等，采取综合性与专业性的减灾、防灾、救灾和灾后恢复行动。

（3）现场预案。是以现场设施或活动为具体目标所制定和实施的应急预案，如针对某一重大工业危险源、特大工程项目的施工现场或拟组织的一项大规模公众集聚活动。现场预案编制要有针对性，内容具体、细致、严密。

（4）单项应急救援方案。主要针对一些单项、突发的紧急情况所设计的具体行动计划。一般是针对有些临时性的工程或活动，这些活动不是日常生产过程中的活动，也不是规律性的活动，但这类作业活动由于其临时性或发生的概率很少，对于可能潜在的危机常常被忽视。

三、事故应急预案的主要内容

应急救援是为预防、控制和消除环境污染事故对人类生命、财产和环境造成重大损害所采取的反应救援行动。应急预案则是开展应急救援行动的行动计划和实施指南。应急预案实际上是一个透明和标准化的反应程序，使应急救援活动能按照预先周密的计划和最有效的实施步骤有条不紊地进行。这些计划和步骤是快速响应和应急救援的基本保证。

应急预案是应急体系建设中的重要组成部分，应该有完整的系统设计、标准化的文本文件、行之有效的操作程序和持续改进的运行机制。

无论是哪一种应急预案，其基本结构可采用1+4的结构模式，即一个基本预案加上应急功能（职能）设置、特殊风险预案、应急标准化操作程序和保障支持系统四个分预案，如图6—1所示。

1. 基本预案

基本预案也称“领导预案”，是应急反应组织结构和政策方针的综述，还包括应急行动的总体思路和法律依据，指定和确认各部门在应急预案中的责任与行动内容。其主要内容包括最高行政领导承诺、发布令、基本方针政策、主要分工职责、任务与目标、基本应急程序等。基本预案一般是对公众发布的文件。

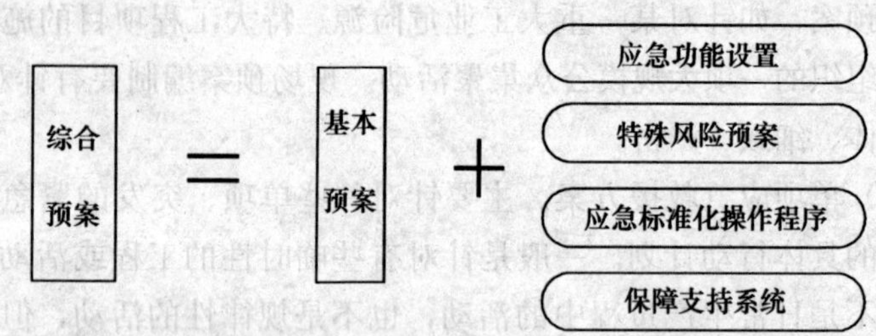

图 6—1 应急预案 1+4 结构模式

基本预案可以使政府和企业高层领导从总体上把握本行政区域或行业系统针对突发事故应急的有关情况，了解应急准备状况，同时也为制定其他应急预案如标准化操作程序、应急功能设置等提供框架和指导。基本预案包括以下 12 项内容。

（1）预案发布令。组织或机构第一负责人应为预案签署发布令，援引国家、地方、上级部门相应法律和规章的规定，宣布应急预案生效。其目的是明确实施应急预案的合法授权，保证应急预案的权威性。在预案发布令中，组织或机构第一负责人应表明其对应急管理和应急救援工作的支持，并督促各应急部门完善内部应急响应机制，制定标准操作程序，积极参与培训、演习和预案的编制与更新等。

（2）应急机构署名页。在基本应急预案中，可以包括各有关内部应急部门和外部机构及其负责人的署名页，表明各应急部门和机构对应急预案编制的参与和认同，以及履行承担职责的承诺。

（3）术语和定义。应列出应急预案中需要明确的术语和定义的解释与说明，以便使应急人员准确地把握应急有关事项，避免产生歧义和因理解不一致而导致应急时混乱等现象。

（4）相关法律和法规。我国政府近年来相继颁布了一系列法律法规，对突发公共事件、行业特大生产安全事故、重大危险源等制定应急预案作了明确规定和要求，要求县级以上各级人民政府或生产经营单位制定相应的重大事故应急救援预案。在基本预案中，应列出明确要求制定应急预案的国家、地方及上级部门的法律法规和规定，有关重大事故应急的文件、技术规范和指南性材料及国际公约，作为制定应急预案的根据和指南，以使应急预案更有权威性。

（5）方针与原则。列出应急预案所针对的事故（或紧急情况）类型、适用的范围和救援的任务，以及应急管理和应急救援的方针和指导原则。方针与原则应体现应急救援的优先原则。如保护人员安全优先，防止和控制事故蔓延优先，保护环境优先等。此外，方针与原则还应体现事故损失控制、高效协调，以及持续改进的思想。同时还要符合行业或企业实际。

（6）危险分析与环境综述。列出应急工作所面临的潜在重大危险及后果预测，给出区域的地理、气象、人文等有关环境信息。影响救援的不利条件包括突发事故发生时间、发生当天的气象条件（温度、湿度、风向、降水）、临时停水、停电、周围环境、邻近区域同时发生事故；季节性的风向、风速、气温、雨量，企业人员分布及周边居民情况。

（7）应急资源。对应急资源作出相应的管理规定，并列出应急资源装备的总体情况，包括应急力量的组成、应急能力；各种重要应急设施（备）、物资的准备情况；上级救援机构或相邻可用的应急资源等。

（8）机构与职责。应列出所有应急部门在突发事故应急救援中承担职责的负责人。在基本预案中只要描述出主要职责即可，详细的职责及行动在标准化操作程序中会进一步描述。所有部门和人员的职责应覆盖所有的应急功能。

（9）教育、培训与演练。为全面提高应急能力，对应急人员培训、公众教育、应急和演习等作出相应的规定，包括内容、计划、组织与准备、效果评估、要求等。其中，应急人员的培训内容包括：如何识别危险、如何采取必要的应急措施、如何启动紧急警报系统、如何进行事件信息的接报与报告、如何安全疏散人群等；公众教育的基本内容包括：潜在的重大危险、突发事故的性质与应急特点、事故警报与通知的规定，基本防护知识，撤离的组织、方法和程序，在事故危险区域内行动时必须遵守的规则，自救与互救的基本常识等；应急演习的具体形式既可以是桌面演习，也可以是实战模拟演习。按演习的规模可以分为单项演习、组合演习和全面演习。

（10）与其他应急预案的关系。列出本预案可能用到的其他应急预案（包括当地政府预案及签订互助协议机构的应急预案），明确本预案与其他应急预案的关系，如本预案与其他预案发生冲突时，应如何解决。

（11）互助协议。列出不同政府组织、政府部门之间、相邻企业之间或专业救援机构等签署的正式互助协议，明确可提供的互助力量（消防、医疗、检测）、物资、设备、技术等。

（12）预案管理。应急预案的管理应明确负责组织应急预案的制定、修改及更新的部门，应急预案的审查和批准程序，预案的发放、应急预案的定期评审和更新。

2. 应急标准化操作程序

应急标准化操作程序主要是针对每一个应急活动执行部门，在进行某几项或某一项具体应急活动时所规定的操作标准。这种操作标准包括操作指令检查表和对检查表的说明，一旦应急预案启动，相关人员可按照操作指令检查表，逐项落实行动。应急标准化操作程序是编制应急预案中最重要和最具可操作性的文件，回答的是在应急活动中谁来做、如何做和怎样做的一系列问题。突发事故的应急活动需要多个部门参加，应急活动由多种功能组成，所以，每一个部门或功能在应急响应中的行动和具体执行的步骤要有一个程序来指导。事故发生是千变万化的，会出现不同的情况，但应急的程序有一定规律，标准化的内容和格式可保证在错综复杂的事故中不会造成混乱。一些成功的救援多是因为制定了有效的应急预案，才使事故发生时可以做到迅速报警，通信系统及时地传达有效信息，各个应急响应部门职责明确，分工清晰，做到忙而不乱，在复杂的救援活动中井然有序。

标准中应明确应急功能，应急活动中的各自职责，明确具体负责部门和负责人。还应明确在应急活动中具体的活动内容，具体的操作步骤，并应按照不同的应急活动过程来描述。

应急标准操作程序的目的和作用决定了标准操作程序的基本要求。一般来说，标准操作程序的基本要求如下：

（1）可操作性。标准操作程序就是为应急组织或人员提供详细、具体的应急指导，必须具有可操作性。标准操作程序应明确标准操作程序的目的、执行任务的主体、时间、地点、具体的应急行动、行动步骤和行动标准等，使应急组织或个人参照标准操作程序都可以有效、迅速地开展应急工作，而不会因受到紧急情况的干扰导致手足无措，甚至出现错误的行为。

（2）协调一致性。在应急救援过程中会有不同的应急组织或应急人员参与，并承担不同的应急职责和任务，开展各自的应急行动，因此，标准操作程序在应急功能、应急职责及与其他人员配合方面，必须要考虑相互之间的接口，应与基本预案的要求、与应急功能设置的规定、与特殊风险预案的应急内容、与保障支持系统提供的信息资料，以及与其他标准操作程序协调一致，不应该有矛盾或逻辑错误。如果应急活动可能扩展到外部时，在相关标准操作程序中应留有与外部应急救援组织机构的接口。

（3）针对性。应急救援活动由于突发事故发生的种类、地点和环境、时间、事故演变过程的差异，而呈现出复杂性，标准操作程序是依据特殊风险管理对特殊风险的状况描述和管理要求，结合应急组织或个人的应急职责和任务而编制相应的程序。每个标准操作程序必须紧紧围绕各程序中应急主体的应急功能和任务来描述应急行动的具体实施内容和步骤，要有针对性。

（4）连续性。应急救援活动包括应急准备、初期响应、应急扩大、应急恢复等阶段，是连续的过程。为了指导应急组织或人员在整个应急过程中发挥其应急作用，标准操作程序必须具有连续性。同时，随着事态的发展，参与应急的组织和人员会发生较大变化，因此，还应注意标准操作程序中应急功能的连续性。

（5）层次性。标准操作程序可以结合应急组织的组织机构和应急职能的设置，分成不同的应急层次。如针对某公司可以有部门级应急标准操作程序、班组级应急标准操作程序，甚至到个人的应急标准操作程序。

第二节 事故应急预案的演习

一、事故应急预案演习的目的和要求

1. 应急预案演习的目的

应急预案演习目的是通过培训、评估、改进等手段提高保护人民群众生命财产安全和环境的综合应急能力，说明应急预案的各部分或整体是否能有效地付诸实施，验证应急预案应急可能出现的各种紧急情况的适应性，找出应急准备工作中可能需要改善的地方，确保建立和保持可靠的通信渠道及应急人员的协同性，确保所有应急组织都熟悉并能够履行他们的职责，找出需要改善的潜在问题。

2. 应急预案演习的要求

应急预案演习类型有多种，不同类型的应急预案演习虽有不同特点，但在策划应急预案演习内容、演习情景、演习频次、演习评价方法等方面的共同性要求包括：

（1）应急预案演习必须遵守相关法律、法规、标准和应急预案规定。

（2）领导重视、科学计划。开展应急预案演习工作必须得到有关领导的重视，给予财政等相应支持，必要时有关领导应参与演习过程并扮演与其职责相当的角色。应急预案演习必须事先确定演习目标，演习策划人员应对演习内容、情景等事项进行精心策划。

（3）结合实际、突出重点。应急预案演习应结合当地可能发生的危险源特点、潜在事故类型、可能发生事故的地点和气象条件及应急准备工作的实际情况进行。演习应重点解决应急过程中组织指挥和协同配合问题，解决应急准备工作的不足，以提高应急行动的整体效能。

（4）周密组织、统一指挥。演习策划人员必须制定并落实保证演习达到目标的具体措施，各项演习活动应在统一指挥下实施，参演人员要严守演习现场规则，确保演习过程的安全。演习不得影响生产经营单位的安全正常运行，不得使各类人员承受不必要的风险。

（5）由浅入深、分步实施。应急预案演习应遵循由下而上、先分后合、分步实施的原则，综合性的应急预案演习应以若干次分练为基础。

（6）讲究实效、注重质量的要求。应急预案演习指导机构应精干，工作程序要简明，各类演习文件要实用，避免一切形式主义的安排，以取得实效为检验演习质量的唯一标准。

（7）应急预案演习原则上应避免惊动公众，如果必须卷入有限数量的公众，则应在公众教育得到普及、条件比较成熟时相机进行。

二、事故应急预案演习的种类

1. 根据应急预案演习的规模分类

（1）单项演习。这是为了熟练掌握应急操作或完成某种特定任务所需技能而进行的演习。此类演习如通信联络程序演习、人员集中清点、应急装备物（物质）到位演习、医疗救护行动演习等。

（2）组合演习。这是为了检查或提高应急组织之间及其与外部组织之间的相互协调性而进行的演习。此类演习如应急药物发放与周边群众撤离演习、扑灭火灾与堵漏、关闭阀门演习等。

（3）综合演习。这是应急预案内规定的所有任务单位或其中绝大多数单位参加的为全面检查预案可执行性而进行的演习。此类演习较前两类演习更为复杂，需要更长的准备时间。

2. 根据演习的形式分类

（1）桌面演习。是指由应急组织的代表或关键岗位人员参加的，按照应急预案及其标准运作程序，讨论紧急事件时应采取行动的演习活动。桌面演习的主要特点是对演习情景进行口头演习，一般是在会议室内举行非正式的活动。主要作用是在没有压力的情况下，演习人员在检查和解决应急预案中问题的同时，获得一些建设性的讨论结果。主要目的是在友好、较小压力的情况下，锻炼演习人员解决问题的能力，以及解决应急组织相互协作和职责划分的问题。桌面演习只需展示有限的应急响应和内部协调活动，应急响应人员主要来自本地应急组织，事后一般采取口头评论形式收集演习人员的建议，并提交一份简短的书面报告，总结演习活动和提出有关改进应急响应工作的建议。桌面演习方法成本较低，主要用于为功能演习和全面演习做准备。

（2）功能演习。是指针对某项应急响应功能或其中某些应急响应活动举行的演习活动。功能演习一般在应急指挥中心举行，并可同时开展现场演习，调用有限的应急设备，主要目的是针对应急响应功能，检验应急响应人员以及应急管理体系的策划和响应能力。例如，指挥和控制功能的演习，目的是检测、评价多个政府部门在一定压力情况下集权式的应急运行和及时响应能力，演习地点主要集中在若干个应急指挥中心或现场指挥所举行，并开展有限的现场活动，调用有限的外部资源。外部资源的调用范围和规模应能满足响应模拟紧急事件时的指挥和控制要求。又如针对交通运输活动的演习，目的是检验地方应急响应官员建立现场指挥所，协调现场应急响应人员和交通运载工具的能力。功能演习比桌面演习规模要大，需动员更多的应急响应人员和组织。必要时，还可要求国家级应急响应机构参与演习过程，为演习方案设计、协调和评估工作提供技术支持。功能演习所需的评估人员一般为 4～12 人，具体数量依据演习地点、社区规模、现有资源和演习功能的数量而定。演习完成后，除采取口头评论形式外，还应向地方提交有关演习活动的书面汇报，提出改进建议。

（3）全面演习。指针对应急预案中全部或大部分应急响应功能，检验、评价应急组织应急运行能力的演习活动。全面演习一般要求持续几个小时，采取交互式进行，演习过程要求尽量真实，调用更多的应急响应人员和资源，并优化配置人员、设备及其他资源，以展示相互协调应急响应能力。与功能演习类似，全面演习也少不了负责应急运行、协调和政策拟订人员的参与，以及国家级应急组织人员在演习方案设计、协调和评估工作中提供的技术支持。但全面演习过程中，这些人员或组织的演示范围要比功能演习更广。全面演习一般需 10～50 名评价人员。演习完成后，除采取口头评论、书面汇报外，还应提交正式的书面报告。

三、事故应急预案演习实施的要点

事故应急预案演习实施是提供开始、发展和结束训练的指南和技术，对于各类事故应急预案演习来说，在实施中都有各自的程序和特点。

1. 桌面演习的实施

桌面演习的复杂性、范围和真实程度变化很大。实际上，桌面演习只有两种：基本桌面演习和高级桌面演习。基本桌面演习是在定向演习中通过小组讨论解决基本问题。桌面演习有较多的时间，进行的方式包括介绍目的、范围和管理规章，然后是由演习控制者介绍场景叙述。场景是讨论计划条款和程序的起点，包括特定位置、严重程度和其他相关问题。演习控制者必须控制讨论流向以确保达到演习目标。在所有目标达到后，基本桌面演习结束。如果没有在允许时间内达到所有目标，演习控制者要决定延迟继续演习或简单结束演习。

高级桌面演习使用与基本桌面演习相同技术。高级桌面演习把引起一系列问题的另外要素加入到场景叙述的基本问题中。高级桌面演习以简单场景叙述开始，当讨论继续时，演习控制者会介绍一系列相关问题或事件，要求参加者讨论每个问题的解决办法。桌面演习的重要特点是：

（1）高级桌面演习要求编制和使用事件顺序单。

（2）通过信息把事件介绍给参加者。

（3）介绍所有参加者的信息，进行自由公开讨论或由特定人员指导。如果信息指向某人，该人要概括出反应或解决办法，由其他参加者引发讨论。

（4）演习控制者负责检测讨论导向，使所有信息在预定时间内介绍，信息被介绍的顺序可能要改变，以符合交谈连贯背景。

关于基本桌面演习的一般意见也可用于高级桌面演习。当所有问题的解决令演习控制者满意，演习就完成了。

高级桌面演习要求准备地图、显示、胶片、相片等，以协助进行演习。

2. 功能演习和全面演习

进行功能演习和全面演习使用的方法基本上是相同的，只在范围和复杂程度上有所区别。两种类型都具有最高的真实度，它们都包括许多反应任务的实际效果，演习都在与真实紧急事件发生场所相同的地方进行，不同于定向和桌面演习的方式。

桌面演习与功能演习/全面演习的重要区别是前者有宣布开始时间和日期，后者有时不通知参加者确切的功能和全面演习的时间表。这种“非注意”型演习是合适的，演习目标是检测报警和通知程序，没有突然性，就不可能知道参加者是否向非预期通知作出反应。

重要的是，在功能演习和全面演习中，参加者应在开始前准备演习目标和细节。演习的成功依赖于参加者清楚了解他们的期望。这可在演习介绍中完成，有时在演习前一星期进行。

功能演习/全面演习的方法可能随演习目标而变化。由于功能演习和全面演习的大多数把测试通知/报警系统作为目标，他们一般当演习控制者介绍最初模拟开始，才发现紧急状况。不像定向和桌面演习，在开始演习前的预定时间，参加者集结在一个预定位置。功能演习/全面演习的参加者一直到首次信息发布后才作出反应。换句话说，他们会继续正常活动直到他们接到演习开始的通知。例如，消防人员可能不作出反应直到听到消防报警。为避免混乱和恐慌，所有演习信息特别是最初报警应该以说明开始和结束。如果使用报警系统，应该用公共发布系统来宣布演习。根据演习的目标和范围，有几种介绍开始演习信息的方法。如果演习不包括真实应急中最初的反应活动，在最初信息或问题之后，演习控制者会使用场景叙述来报告参加者演习的目前状态。

为得到最高真实程度，要求演习参加者正常执行反应任务。例如，执行需要使用消防带的消防任务是不实际的，因为消防水能引起破坏，可是，参加者应该被要求布置消防带和其他任务，但不能放水。

一旦开始演习，演习控制者有责任保证演习在轨道内以平稳速度进行。演习控制者面临的另一个问题是，在功能演习及全面演习中，在实际应急中对于很长时间的任务，必须在压缩后的演习时间表内完成。例如，一般要花几个小时或更长的时间，来控制一个大型建筑火灾，在演习时则要减少到几分钟内完成。在最初反应活动完成后，控制者应该停止演习，简单向所有参加者说明假定几个小时后，火被扑灭。

功能演习及全面演习中，一般当所有演习目标达到时（事件顺序单预期行动完成）或当计划时期到期才结束，因为日程设定有问题或其他原因重新安排演习是不实际的。演习控制者必须保证演习在日程安排表内或在演习前做必要的调整。

第三节　安全生产事故应急处置与救援

一、安全生产事故应急处置的基本原则

1. 安全第一、以人为本的原则

事故发生后会产生数量和范围不确定的受害者。受害者的范围不仅包括事故中的直接受害人，还包括直接受害人的亲属、朋友以及周围其他利益相关的人员。受害人所需要的救助往往是多方面的，这不仅体现在生理上，很多时候也体现在心理和精神层面上。应急处置最重要原则是保证人的安全。坚持以人为本，就是在任何情况下都要确保人的生命安全和健康，绝对不能拿生命冒险。在应急施救过程中，最优先的目标和最重要的举措都要首先保证人身安全。因此，事故应急处置的部门和人员在进行现场控制的同时，应立即展开对受害者的救助，及时抢救护送危重伤员、救援受困群众、妥善安置死亡人员、安抚在精神与心理上受到严重冲击的受害人。

2. 早期预警原则

早期预警具有两个功能：一是防止事件发生，在事故即将形成或没有爆发之前，采取应变措施防范和阻止，由预警期进入到应急响应期；二是事故发生和扩大蔓延之前，通过预警期的活动能迅速提高警备级别，动员准备力量，加强应急处置能力，把事故控制在应急预案所策划的特定类型或指定区域，确保事故在演化成危机前进入到恢复期。另外，在应急救援过程中，一旦发现异常情况或出现危险迹象，要立即发出预警信号，采取应变措施。

3. 快速响应原则

快速响应是应急管理的基本原则。事故一旦发生，时间就是生命，应急响应速度与事故后果的严重度密切相关。分析总结大量事故应急救援工作的经验表明，对事故受害人早期的抢险救治对保障生命、减轻伤害具有决定性意义。同时，如果在敏感期处理不够及时，可能使事件性质发生扩大和激变。因此，在事故发生后，必须在极短的时间内就地作出应急反应，在造成严重后果之前采取有效的防护、急救或疏散措施。快速响应就是要求在应急响应的准备和初级响应阶段实现快速有效的反应，在事故苗头刚刚出现时，要在事故原始地点就地快速应对，将事故控制在最初始阶段，以最高的效率与最快的速度救助受害人，并为尽快地恢复正常的工作秩序、社会秩序和生活秩序创造条件。

4. 统一指挥、协调一致原则

应急指挥在组织结构上可分为多种形式，但无论采用哪一类指挥系统，都必须实行统一指挥的原则。无论涉及应急救援活动单位的行政级别和隶属关系如何不同，都必须服从应急指挥部的统一指挥协调，统一号令，步调一致，令行禁止；应急指挥最基本功能就是统一协调执行应急救援任务各单位之间的活动，使各参与单位既能充分发挥自己的作用，又能相互配合，提高整体效能。一般情况下，在同一时间、地区执行应急任务的各专业队伍都应紧密配合执行主要任务的队伍行动。尤其是在跨行业、跨领域、跨地区乃至跨国界的重大事故灾难中，更应强调在一个共同的指挥系统内实现高度统一的协调指挥。

5. 属地为主、资源共享原则

近年来，一些工业化国家逐渐开始在应急管理工作中采用扁平化网状管理结构，这种管理模型决策速度快、响应能力强，运行效率高，有助于克服树状管理结构中存在的问题。网状结构主要由节点、节点之间连线和点线连接后形成的网格组成。多数网状结构是以城市为节点，促进城市之间的互联、互通和互助，淡化各级政府应急管理机构的行政级别，即使是国家或省一级也仅将其当做节点之一，从而使整个应急管理体系重心下移。形成扁平化的应急管理网络，强化地方在应急管理工作中的主导作用，使应急处置指挥地点前移，以提高应急救援工作时效。即使是在特别重大事故的应急管理中，有些事故灾难的情况十分复杂，其影响可能跨越几个地区，涉及众多部门，仍然要在应急管理中坚持属地为主和资源共享原则。

6. 人员疏散原则

在大多数事故应急处置的现场控制与安排中，把处于危险境地的受害者尽快疏散到安全地带，避免出现更大伤亡的灾难性后果，是一项极其重要的工作。在很多伤亡惨重的事故中，没有及时进行人员安全疏散是造成群死群伤的主要原因。

无论是自然灾害还是人为的事故，或者其他类型的事故，在决定是否疏散人员的事故中，需要考虑的因素一般有：

(1) 是否可能对群众的生命和健康造成危害，特别是要考虑到是否存在潜在危险性。

(2) 事故的危害范围是否会扩大或者蔓延。

(3) 是否会对环境造成破坏性的影响。

7. 保护现场原则

按照一般的程序，事故应急处置工作结束之后，或在应急处置过程的适当时机，调查工作就需要介入，以分析事故的原因与性质，发现、收集有关的证据，澄清事故的责任者。现场处置工作中所采取的一切措施都要有利于日后对事故的调查。在实践中容易出现的问题是应急人员的注意力都集中在救助伤亡人员，或防止灾难的蔓延扩大上，而忽略了对现场与证据的保护，给调查工作带来被动。因此，必须在进行现场控制的整个过程中，把保护现场作为工作原则贯彻始终。虽然对事故的应急处置与调查处理是不同的环节与过程，但在实际工作中没有明确的界限，不能把两者截然分开。

二、现场应急处置的一般过程

事故的现场处置需要根据类型、特点和规模作出紧急安排。尽管不同的事故所需的安排不同，但大多数事故的现场处置都应包括设置警戒线、应急反应人力资源组织与协调、应急物资设备的调集、人员安全疏散、现场交通管制、现场以及相关场所的治安秩序维护，对信息和新闻媒介的现场管理，以及对受害人作出分类处理等方面的内容。

1. 设置警戒线

为保证应急处置工作的顺利开展以及事后的原因调查，几乎所有的处置现场都要设立不同范围的警戒线。在事故的处置中，由于事故的规模比较大，影响范围广，人员伤亡严重，往往要根据实际情况设立多层警戒线，以满足不同层次处置工作的要求。一般而言，内围警戒线要圈定事故或事件的核心区域，根据现场的具体情况，划定事件发生和产生破坏影响的集中区域，在核心区域内一般只允许医疗救护人员、警察、消防人员、应急专家或专业的应急人员进入，并成立现场控制小组，组织开展各项控制和救助工作。内围警戒线的范围确定要考虑两个因素：现场危险源的威胁范围和与事故原因调查的相关证据散落的范围。现场可能会发生二次灾害，通过内围警戒线的设立，尽量减少处于危险范围中的人员，以降低事件的二次伤害。外围警戒线的划定以满足救援处置工作的需求为主要考虑因素，为保证安全，大量的应急救援工作是在内围警戒线之外开展的。在事故的现场，参与处置的人员可能成百上千，来自数十个不同的部门和组织，参与处置的各种车辆、设备也需要安排必要的停放位置和足够的活动空间，因此，外围警戒线是处置工作顺利开展的重要空间，无关人员，包括媒体工作人员一般不应进入此区域。在某些事故的处置中还要设立三层警戒线，即在核心区和处置区之间设置缓冲区，作为二线处置力量的集结区域和现场指挥部所在地。

2. 应急反应人力资源组织与协调

通过对现场情况的初步评估，应根据相关应急预案组织应急响应的人力资源。随着我国突发公共事件应急预案体系的建立，已逐渐摆脱了过去盲目反应的局面，避免了人力资源组织的混乱。根据应急预案，不同事故由不同的部门牵头负责，并由相关部门予以协调和支持。各个部门在处置中分工协作，具有较为明确的任务和职责。在事故发生后，由牵头部门组织各部分应急处置人员赶赴现场并开展工作。各应急处置组织的带队领导应组成现场指挥部，统一协调指挥现场的应急人员与其他应急资源。

在人员集结过程中，没有一定的模式，但是有一些原则值得遵循。首先，人员集结要方便应急处置工作，核心处置力量和现场急需的专业处置力量要接近现场；其次，人员集结要有序可循，不能造成混乱，人员集结的位置和规模不能对现场内外交通造成堵塞。

3. 应急物资设备的调集

应急处置需要大量的专业设备和工具。专用设备、工具与车辆一般由各专业救援队伍提供，对于一些特殊和所需数量较多而现场数量不足的设备、工具与车辆可以通过媒体向社会征募，同时也可以向有关方面请求支援。各专业部门应根据自身应急救援业务的需要，采取平战结合的原则，配备现场救援和工程抢险装备和器材，建立相应的维护、保养和调用等制度，以保障各种相关事故的抢险和救援。大型现场救援和工程抢险装备，应由政府应急办公室（或类似职能部门）与相关企业签订应急保障服务协议，采取政府资助、合同、委托等方式，每年由政府提供一定的设备维护、保养补助费用，紧急情况下应急办公室可代表当地政府直接调用。专用设备、工具与车辆到达现场后，应按照救援工作的优先次序安排停放位置，对于随时需投入使用的设备、车辆应停放于中心现场，对于其他辅助支援车辆应停放于离现场稍远的指定位置，以免影响现场的车辆设备调度。

4. 人员安全疏散

根据人员疏散原则，在处置现场组织及时有效的人员安全疏散，是避免大量人员伤亡的重要措施。根据疏散的时间要求、距离远近，可将人员安全疏散分为临时紧急疏散和远距离疏散。

（1）临时紧急疏散。临时紧急疏散常见于火灾和爆炸等突发性事件的应急处置过程中。临时紧急疏散的最大特点在于其紧急性，如果在短时间内人员无法及时疏散，就有可能造成严重的人员伤亡。但在紧急疏散过程中，决不能一味强调疏散的速度，如果疏散过程中秩序混乱，就可能造成人群的相互拥挤和踩踏、车流的阻塞现象，甚至造成群死群伤。因此，临时紧急疏散必须兼顾疏散的速度和秩序。根据人员疏散的经验与教训，疏散过程的秩序应成为优先考虑的因素。由于人在紧急情况下会出现各种应急心理反应，进而采取不理智的行为，因此，在进行临时紧急疏散时，必须考虑处于危险之中人的心理和行为特点。

（2）远距离疏散。远距离疏散涉及的人员多、疏散距离远、疏散时间长，因此，远距离疏散必须事先做好疏散规划，通过分析危险源的性质和所发生事件的严重程度与危害范围，确定危险区域的范围，并根据区域人口统计数据，确定处于危险状态和需疏散的人员数量。结合危险区域人员的结构与分布情况、可用的疏散时间、可能提供的疏散能力、交通工具和所处的环境条件等因素，制定科学的疏散规划。一般情况下需要考虑的问题有：疏散人口的统计（包括危害范围扩大之后疏散人口的统计）；疏散地点的选择；疏散过程中运输方式的选择；疏散的出入口与运输路线的确定；被疏散人员和车辆的集结位置；疏散过程中对人员的沿途护送问题；被疏散人员的遗留财产处置问题；疏散过程所需药物、食品饮用水的准备；庇护场所的准备等。

（3）人员疏散与返回的优先顺序。无论发生何种事故，人员疏散与紧急救助均属于保护性的措施，只要有人员的疏散，特别是在需要全体撤离的情况下，就必须考虑人员疏散与返回的优先顺序。根据国外的经验与研究成果，在全体撤离疏散的情况下，其优先顺序是：

1）疏散顺序。禁止无关人员进入即将疏散撤离的地区与场所；居民与群众；工作人员中的非关键人员（包括媒体人员）；应急关键人员之外的所有人员；全部撤离。

2）返回顺序。当由事故造成的危险状态结束、对人员的安全威胁解除后，需要安排被疏散的居民或群众返回社区或单位。返回也应当和疏散一样，严格遵循先后顺序：应急处置的参与人员；现场评估人员与由应急人员陪伴的媒体人员；公共设施的维修人员；居民、财产的主人以及其他有关人员；无限制出入。

5. 现场治安秩序维护

事故发生后，应由当地公安机关负责现场与相关场所治安秩序的维护，为整个应急处置过程提供相关的秩序保障。在公安机关未到达现场之前，负有第一反应职责的社区保安人员、企业事业单位的治安保卫人员，或在社区与单位服务的紧急救助员等应立即在现场周围设立警戒区和警戒哨，先期做好现场控制、交通管制、疏散救助群众和维护公共秩序等工作。事故发生地政府及其有关部门、社区组织也要积极发动和组织社会力量开展自救互救，主动维护秩序，以防止有人利用现场混乱之机，实施抢劫、盗窃等犯罪行为。负责组织维护现场治安秩序的公安机关，应当在现场设置的警戒线周围沿线布置警戒人员，严禁无关人员进入现场。同时，应在现场周围加强巡逻，预防和制止对现场的各种破坏活动。对肇事者或其他有关的负责人员应采取必要的监控措施，防止逃逸。

三、生产安全事故应急救援

1. 应急救援的原则

生产现场急救的任务是采取及时有效的急救措施和技术，最大限度地减少伤病员的疾苦，降低致残率，减少死亡率，为医院抢救打好基础。必须遵守以下六条原则：

（1）先复后固的原则。指遇有心跳呼吸骤停又有骨折者，应首先用口对口呼吸和胸外按压等技术使心、肺、脑复苏，直至心跳呼吸恢复后，再进行固定骨折。

（2）先止后包的原则。指遇有大出血又有创口者时，首先立即用指压、止血带或药物等方法止血，接着再消毒创口进行包扎。

（3）先重后轻的原则。指遇有垂危的和较轻的伤病员时，应优先抢救危重者，后抢救较轻的伤病员。

（4）先救后运的原则。发现伤病员时，应先救后送。在送伤病员到医院途中，不要停顿抢救措施，继续观察病、伤变化，少颠簸，注意保暖，平安抵达最近医院。

（5）急救与呼救并重的原则。在遇有成批伤病员、现场还有其他参与急救的人员时，要紧张而镇定地分工合作，急救和呼救可同时进行，以较快地争取到急救外援。

（6）搬运与急救一致性的原则。在运送危重伤病员时，应与急救工作协调，步调一致，争取时间，在途中应继续进行抢救工作，减少伤病员的痛苦和死亡，安全到达目的地。

2. 应急救援的特点

（1）突发性。生产现场急救的往往是在人们预料之外的突然发生的伤害性事件中出现的伤员或病员，有时是单个的，有时是少数的，有时是成批的，有时是分散的，有时是集中的。常见伤病员多为垂危者，不仅需要在场人员参加急救，往往需要场外更多的人参加急救。

（2）紧迫性。突发性伤害事故发生后，伤员的伤情复杂，一人有两个以上器官同时受损的多，病员在呻吟的多，伤病员呼救心情都十分紧迫。心跳呼吸骤停 6 min，则出现大小便失禁、昏迷，脑细胞发生不可逆转的损害。4 min 内开始心肺复苏，可能有 50%被救活；10 min 开始复苏者 100%不能存活。因此，时间就是生命，必须分秒必争，将心跳、呼吸骤停者，采用复苏技术，从临危的边缘抢救回来；对大出血、骨折等伤害者，用止血、固定等方法进行。

（3）艰难性。艰难性是指伤害的伤病员种类多、伤情重，一个人身上可能有多个系统、多个器官同时受累，需要具有丰富的医学知识、过硬的技术才能完成急救任务。实际上常常是伤病员多、要求急、要求高与医疗知识少的不适应局面。有的伤害虽然伤病员比较少，但常是在突然紧急的情况下，甚至伤病员身边无人，更无专业卫生人员，只能依靠过路人来提供帮助与急救。这种情况对学过医学的和受过训练或未受过训练的人们，都是一个难题。

（4）灵活性。生产现场急救常是在缺医少药的情况下进行的，常无齐备的抢救器材、药品和转运工具。因此，要机动灵活地在伤病员周围寻找代用品，修旧利废，就地取材，获得冲洗消毒液、绷带、夹板、担架等。

3. 应急救援的基本步骤

事故现场急救应按照紧急呼救、判断伤情和救护三大步骤进行。

（1）紧急呼救。当事故发生，发现了危重伤员，经过现场评估和病情判断后需要立即救护，同时立即向专业急救机构或附近担负院外急救任务的医疗部门、社区卫生单位报告，常用的急救电话为 120。由急救机构立即派出专业救护人员、救护车至现场抢救。紧急呼救的步骤和方法如下：

1）救护启动。救护启动称为呼救系统开始。呼救系统的畅通，在国际上被列为抢救危重伤员的“生命链”中的“第一环”。有效的呼救系统，对保障危重伤员获得及时救治至关重要。应用移动电话和有线电话呼救。通常在急救中心配备有经过专门训练的话务员，能够对呼救作出迅速适当应答，并能把电话接到合适的急救机构。城市呼救网络系统的“通信指挥中心”，应当接收所有的医疗（包括灾难等意外伤害事故）急救电话，根据伤员所处的位置和病情，指定就近的急救站去救护伤员。这样可以大大节省时间，提高效率，便于伤员救护和转运。

2）呼救电话须知。紧急事故发生时，须报警呼救，最常使用的是呼救电话。使用呼救电话时必须用最精炼、准确、清楚的语言说明伤员目前的情况及严重程度，伤员的人数及存在的危险，需要何类急救。如果不清楚身处位置的话，不要惊慌，因为救护医疗服务系统控制室可以通过地球卫星定位系统追踪其正确位置。拨打呼救电话时，一般应简要清楚地说明以下几点：报告人电话号码与姓名，伤员姓名、性别、年龄和联系电话；伤员所在的确切地点，尽可能指出附近显著标志；伤员目前最危重的情况，如昏倒、呼吸困难、大出血等；灾害事故、突发事件时，说明伤害性质、严重程度、伤员的人数；现场所采取的救护措施。

3）单人及多人呼救。在专业急救人员尚未到达时，如果有多人在现场，一名救护人员留在伤员身边开展救护，其他人通知医疗急救部门机构。如意外伤害事故，要分配好救护人员各自的工作，分秒必争组织有序地实施伤员的寻找、脱险、医疗救护工作。在伤员心脏骤停的情况下，为挽救生命，抓住“救命的黄金时刻”，可立即进行心肺复苏，然后迅速拨打电话。如果有手机在身，则进行1～2 min心肺复苏后，在抢救间隙中打电话。任何年龄的外伤或呼吸暂停患者，打电话呼救前接受1 min的心肺复苏是非常必要的。

（2）判断危重伤情。在现场巡视后对伤员进行最初评估。尤其是处在情况复杂的现场，救护人员需要首先确认并立即处理威胁伤员生命的情况，检查伤员的意识、气道、呼吸、循环体征等。判断危重伤情的一般步骤和方法如下：

1）意识。先判断伤员神志是否清醒。在呼唤、轻拍、推动时，伤员会睁眼或有肢体运动等其他反应，表明伤员有意识。如果伤员对上述刺激无反应，则表明意识丧失，已陷入危重状态。

2）气道。呼吸的必要条件是保持气道畅通。如果伤员有反应但不能说话、不能咳嗽、憋气，可能存在气道梗阻，必须立即检查和清除。如进行侧卧位和清除口腔异物等。

3）呼吸。评估呼吸。正常人每分钟呼吸 12～18 次，危重伤员呼吸变快、变浅乃至不规则，呈叹息状。在气道畅通后，对无反应的伤员进行呼吸检查，如果伤员呼吸停止，应保持气道通畅，立即施行人工呼吸。

4）循环体征。在检查伤员意识、气道、呼吸之后，应对伤员的循环进行检查。可以通过检查循环的体征如呼吸、咳嗽、运动、皮肤颜色、脉搏情况等来进行判断。成人正常心跳每分钟 60～80 次。呼吸停止，心跳随之停止；或者心跳停止，呼吸也随之停止。心跳呼吸几乎同时停止也是常见的。心跳反映在手腕处的桡动脉、颈部的颈动脉较易触到。心律失常，以及严重的创伤、大失血等危及生命时，心跳或加快，超过每分钟 100 次；或减慢，每分钟 40～50 次；或不规则，忽快忽慢，忽强忽弱，均为心脏呼救的信号，都应引起重视。如果伤员面色苍白或青紫，口唇、指甲发绀，皮肤发冷等，则表明伤员皮肤循环和氧代谢情况不佳。

5）瞳孔反应。眼睛的瞳孔又称“瞳仁”，位于黑眼球中央。正常时双眼的瞳孔是等大圆形的，遇到强光能迅速缩小，很快又回到原状。用手电筒突然照射一下瞳孔即可观察到瞳孔的反应。当伤员脑部受伤、脑出血、严重药物中毒时，瞳孔可能缩小为针尖大小，也可能扩大到黑眼球边缘，对光线没有反应或反应迟钝。有时因为出现脑水肿或脑疝，使双眼瞳孔一大一小。瞳孔的变化表示脑病变的严重性。

当完成现场评估后，再对伤员的头部、颈部、胸部、腹部、盆腔和脊柱、四肢进行检查，看有无开放性损伤、骨折畸形、触痛、肿胀等体征，有助于对伤员的病情判断。还要注意伤员的总体情况，如表情淡漠不语、冷汗口渴、呼吸急促、肢体不能活动等现象为病情危重的表现；对外伤伤员应观察神志不清程度，呼吸次数和强弱，脉搏次数和强弱；注意检查有无活动性出血，如有立即止血。严重的胸腹部损伤容易引起休克、昏迷甚至死亡。

(3) 救护基本步骤。灾害事故现场一般都很混乱，组织指挥特别重要，应快速组成临时现场救护小组，统一指挥，加强灾害事故现场一线救护，这是保证抢救成功的关键措施。避免慌乱，尽可能缩短伤后至抢救的时间。提高基本治疗技术是做好灾害事故现场救护的最重要的问题。要善于应用现有的先进科技手段，体现“立体救护、快速反应”的救护原则，提高救护的成功率。现场救护原则是先救命后治伤，先重伤后轻伤，先抢后救，抢中有救，尽快脱离事故现场，先分类再运送，医护人员以救为主，其他人员以抢为主，各负其责，相互配合，以免延误抢救时机。现场救护人员应注意自身防护。“第一目击者”及所有救护人员，应牢记现场对垂危伤员抢救生命的首要目的是“救命”。为此，实施现场救护的基本步骤可以概括如下：

1）采取正确的救护体位。对于意识不清者，取仰卧位或侧卧位，便于复苏操作及评估复苏效果，在可能的情况下，翻转为仰卧位（心肺复苏体位）时应放在坚硬的平面上，救护人员需要在检查后，进行心肺复苏。若伤员没有意识但有呼吸和脉搏，为了防止呼吸道被舌后坠或唾液及呕吐物阻塞引起窒息，对伤员应采用侧卧位（复原卧式位），唾液等容易从口中引流。体位应保持稳定，易于伤员翻转其他体位，保持利于观察和通畅的气道；超过 30 min，翻转伤员到另一侧。不要随意移动伤员，以免造成伤害。例如，不要用力拖动、拉起伤员，不要搬动和摇动已确定有头部或颈部外伤者等。有颈部外伤者在翻身时，为防止颈椎再次损伤引起截瘫，另一人应保持伤员头、颈部与身体同一轴线翻转，做好头、颈部的固定。其他骨折伤员救护可采用两种方法：一是心肺复苏体位（仰卧位）操作方法。救护人员位于伤员的一侧，将伤员的双上肢向头部方向伸直，把伤员远离救护人员一侧的小腿放在另一侧腿上，两腿交叉，救护人员一只手托住伤员的头、颈部，另一只手抓住远离救护人员一侧的伤员腋下或胯部，将伤员呈整体地翻转向救护人员，伤员翻为仰卧位，再将伤员上肢置于身体两侧；二是复原卧式（侧卧位）操作方法。救护人员位于伤员的一侧，救护人员将靠近自身的伤员手臂上举置于头部侧方，伤员另一手肘弯曲置于胸前，把伤员远离救护人员一侧的腿弯曲，救护人员用一只手扶住伤员肩部，另一只手抓住伤员胯部或膝部，轻轻将伤员侧卧，将伤员上方的手置于面颊下方，以维持头部后仰及防止面部朝下。救护人员在实施心肺复苏技术时，根据现场伤员的周围处境，选择伤员一侧，将两腿自然分开与肩同宽间距跪贴于（或立于）伤员的肩、腰部，有利于实施操作。头部外伤者，取水平仰卧，头部稍稍抬高。如果面色发红，则取头高脚低位；如果面色青紫，则取头低脚高位。

2）打开气道。伤员呼吸心跳停止后，全身肌肉松弛，口腔内的舌肌也松弛下坠而阻塞呼吸道。采用开放气道的方法，可使阻塞呼吸道的舌根上提，使呼吸道畅通。用最短的时间，先将伤员衣领口、领带、围巾等解开，戴上手套迅速清除伤员口鼻内的污泥、土块、痰、呕吐物等异物，以利于呼吸道畅通，再将气道打开。主要有四种方法：一是仰头举颏法。救护人员用一只手的小鱼际部位置于伤员的前额并稍加用力使头后仰，另一只手的食指、中指置于下颏将下颌骨上提。救护人员手指不要深压颏下软组织，以免阻塞气道。二是仰头抬颈法。救护人员用一只手的小鱼际部位放在伤员前额，向下稍加用力使头后仰，另一只手置于颈部并将颈部上托。无颈部外伤可用此法；三是双下颌上提法。救护人员双手手指放在伤员下颌角，向上或向后方提起下颌。头保持正中位，不能使头后仰，不可左右扭动。适用于怀疑颈椎外伤的伤员。四是手钩异物。如伤员无意识，救护人员用一只手的拇指和其他四指，握住伤员舌和下颌后掰开伤员嘴并上提下颌。救护人员另一只手的食指沿伤员口角内插入，用钩取动作，抠出固体异物。

3）人工呼吸。检查呼吸，救护人将伤员气道打开，利用眼看、耳听、皮肤感觉，在5 s内判断伤员有无呼吸。侧头用耳听伤员口鼻的呼吸声（一听），用眼看胸部或上腹部随呼吸而上下起伏（二看），用面颊感觉呼吸气流（三感觉）。如果胸廓没有起伏，并且没有气体呼出，伤员即不存在呼吸，这一评估过程不超过10 s。救护人员经检查后，判断伤员呼吸停止，应在现场立即给予口对口（口对鼻、口对口鼻）、口对呼吸面罩等人工呼吸救护措施。

4）胸外挤压。判断心跳（脉搏）应选大动脉测定脉搏有无搏动。触摸颈动脉，应在5～10 s内较迅速地判断伤员有无心跳。用一只手食指和中指置于颈中部（甲状软骨）中线，手指从颈中线滑向甲状软骨和胸锁乳突肌之间的凹陷，稍加力度触摸到颈动脉的搏动。检查颈动脉不可用力压迫，避免刺激颈动脉窦使得迷走神经兴奋反射性地引起心跳停止，并且不可同时触摸双侧颈动脉，以防阻断脑部血液供应。2000年国际心肺复苏新指南中提出，评估循环体征包括正常的呼吸、咳嗽、运动，对人工呼吸的反应，有以下几点：对无反应、无呼吸伤员提供初始呼吸。救护人员侧头用耳靠近伤员的口、鼻，看、听、感觉有无呼吸或咳嗽。快速掌握伤员任何的运动体征。如果伤员没有呼吸、咳嗽、运动，应立即开始胸外心脏挤压。救护人员判断伤员已无脉搏，或在危急中不能判明心跳是否停止，脉搏也摸不清，不要反复检查耽误时间，而要在现场进行胸外心脏挤压等人工循环及时救护。

5）紧急止血。救护人员要注意检查伤员有无严重出血的伤口，如有出血，要立即采取止血救护措施，避免因大出血造成休克而死亡。

6）局部检查。对于同一伤员，第一步处理危及生命的全身症状，再注意处理局部。要从头部、颈部、胸部、腹部、背部、骨盆、四肢各部位进行检查，检查出血的部位和程度、骨折部位和程度、渗血、脏器脱出和皮肤感觉丧失等。

首批进入现场的医护人员应对灾害事故伤员及时作出分类，做好运送前医疗处置，指定运送，救护人员可协助运送，使伤员在最短时间内获得必要治疗。而且在运送途中要保证对危重伤员进行不间断的抢救。

对危重灾害事故伤员尽快送往医院救治，对某些特殊事故伤害的伤员应送专科医院。

第四节　事故应急预案相关法律法规规定

一、《安全生产法》相关规定

第六十八条　县级以上地方各级人民政府应当组织有关部门制定本行政区域内特大生产安全事故应急救援预案，建立应急救援体系。

第六十九条　危险物品的生产、经营、储存单位以及矿山、建筑施工单位应当建立应急救援组织；生产经营规模较小，可以不建立应急救援组织的，应当指定兼职的应急救援人员。

危险物品的生产、经营、储存单位以及矿山、建筑施工单位应当配备必要的应急救援器材、设备，并进行经常性维护、保养，保证正常运转。

二、《消防法》相关规定

第二十条　举办大型群众性活动，承办人应当依法向公安机关申请安全许可，制定灭火和应急疏散预案并组织演练，明确消防安全责任分工，确定消防安全管理人员，保持消防设施和消防器材配置齐全、完好有效，保证疏散通道、安全出口、疏散指示标志、应急照明和消防车通道符合消防技术标准和管理规定。

第三十八条　公安消防队、专职消防队应当充分发挥火灾扑救和应急救援专业力量的骨干作用；按照国家规定，组织实施专业技能训练，配备并维护保养装备器材，提高火灾扑救和应急救援的能力。

第四十三条　县级以上地方人民政府应当组织有关部门针对本行政区域内的火灾特点制定应急预案，建立应急反应和处置机制，为火灾扑救和应急救援工作提供人员、装备等保障。

三、《突发事件应对法》相关规定

第十八条　应急预案应当根据本法和其他有关法律、法规的规定，针对突发事件的性质、特点和可能造成的社会危害，具体规定突发事件应急管理工作的组织指挥体系与职责和突发事件的预防与预警机制、处置程序、应急保障措施以及事后恢复与重建措施等内容。

第二十条　县级人民政府应当对本行政区域内容易引发自然灾害、事故灾难和公共卫生事件的危险源、危险区域进行调查、登记、风险评估，定期进行检查、监控，并责令有关单位采取安全防范措施。

省级和设区的市级人民政府应当对本行政区域内容易引发特别重大、重大突发事件的危险源、危险区域进行调查、登记、风险评估，组织进行检查、监控，并责令有关单位采取安全防范措施。

县级以上地方各级人民政府按照本法规定登记的危险源、危险区域，应当按照国家规定及时向社会公布。

第二十二条　所有单位应当建立健全安全管理制度，定期检查本单位各项安全防范措施的落实情况，及时消除事故隐患；掌握并及时处理本单位存在的可能引发社会安全事件的问题，防止矛盾激化和事态扩大；对本单位可能发生的突发事件和采取安全防范措施的情况，应当按照规定及时向所在地人民政府或者人民政府有关部门报告。

第二十三条 矿山、建筑施工单位和易燃易爆物品、危险化学品、放射性物品等危险物品的生产、经营、储运、使用单位，应当制定具体应急预案，并对生产经营场所、有危险物品的建筑物、构筑物及周边环境开展隐患排查，及时采取措施消除隐患，防止发生突发事件。

第二十四条 公共交通工具、公共场所和其他人员密集场所的经营单位或者管理单位应当制定具体应急预案，为交通工具和有关场所配备报警装置和必要的应急救援设备、设施，注明其使用方法，并显著标明安全撤离的通道、路线，保证安全通道、出口的畅通。

有关单位应当定期检测、维护其报警装置和应急救援设备、设施，使其处于良好状态，确保正常使用。

第五十二条 履行统一领导职责或者组织处置突发事件的人民政府，必要时可以向单位和个人征用应急救援所需设备、设施、场地、交通工具和其他物资，请求其他地方人民政府提供人力、物力、财力或者技术支援，要求生产、供应生活必需品和应急救援物资的企业组织生产、保证供给，要求提供医疗、交通等公共服务的组织提供相应的服务。

第五十六条 受到自然灾害危害或者发生事故灾难、公共卫生事件的单位，应当立即组织本单位应急救援队伍和工作人员营救受害人员，疏散、撤离、安置受到威胁的人员，控制危险源，标明危险区域，封锁危险场所，并采取其他防止危害扩大的必要措施，同时向所在地县级人民政府报告；对因本单位的问题引发的或者主体是本单位人员的社会安全事件，有关单位应当按照规定上报情况，并迅速派出负责人赶赴现场开展劝解、疏导工作。

四、《关于加强安全生产应急管理工作的意见》相关规定

三、完善安全生产应急预案体系

各级安全监管部门及其他有安全监管职责的部门要在政府的统一领导下，根据国家安全生产事故有关应急预案，分门别类制修订本地区、本部门、本行业和领域的各类安全生产应急预案。各生产经营单位要按照《生产经营单位安全生产事故应急预案编制导则》，制定应急预案，建立健全包括集团公司（总公司）、子公司或分公司、基层单位以及关键工作岗位在内的应急预案体系，并与政府及有关部门的应急预案相互衔接。

加强安全生产事故应急预案管理。地方政府有关部门制定的有关安全生产事故应急预案要报上一级人民政府有关部门和安全监管部门备案。生产经营单位的安全生产事故应急预案，要报所在地县级以上人民政府安全生产监督管理部门和有关主管部门备案，并告知相关单位。中央管理企业的安全生产事故应急预案，应按属地管理的原则，报所在地的省（区、市）和市（地）人民政府安全生产监督管理部门和有关主管部门备案；中央管理企业总部的安全生产事故应急预案报国家安全监管总局和有关主管部门备案。各级安全监管部门要把安全生产事故应急预案的编制、备案、审查、演练等作为安全生产监督、监察工作的重要内容，通过应急预案的备案、审查和演练，提高应急预案的质量，做到相关预案相互衔接，增强应急预案的科学性、针对性、实效性和可操作性。依据有关法律、法规和国家标准、行业标准的修改变动情况，以及生产经营单位生产条件的变化情况、预案演练过程中发现的问题和预案演练的总结等，及时对应急预案予以修订。

生产经营单位要积极组织应急预案的演练，高危企业每年至少要组织一次应急预案的演练。各级安全监管部门要协调有关部门，每年组织一次高危企业、部门、地方的联合演练。通过演练，检验

预案、锻炼队伍、教育公众、提高能力，促进企业应急预案与政府、部门应急预案的衔接和对应急预案的不断完善。

五、加强安全生产应急队伍和能力建设

依据全国安全生产应急救援体系总体规划，依托大中型企业和社会救援力量，优化、整合各类应急救援资源，建设国家、区域、骨干专业应急救援队伍。加强生产经营单位的应急能力建设。尽快形成以企业应急救援力量为基础，以国家级区域专业应急救援基地和地方骨干专业队伍为中坚力量，以应急救援志愿者等社会救援力量为补充的安全生产应急救援队伍体系。各地区、各部门要编制本地区、本行业安全生产应急救援体系建设规划，并纳入本地区、本部门经济和社会发展“十一五”规划之中，确保顺利实施。

各类生产经营单位要按照安全生产法律法规要求，建立安全生产应急救援组织。大中型矿山、建筑施工单位和危险物品的生产、经营、储存单位，以及具有重大危险源的生产经营单位应当建立专职安全生产应急救援队伍。其他小型高危险生产经营单位没有建立专职安全生产应急救援队伍的，要指定兼职应急救援人员，并与专业安全生产事故应急救援队伍签订应急救援协议。其他生产经营单位应根据预案实施的需要，建立必要的应急救援指挥机构和专兼职的应急救援队伍。

统筹规划，建设具备风险分析、监测监控、预测预警、信息报告、数据查询、辅助决策、应急指挥和总结评估等功能的国家、省（区、市）、市（地）安全生产应急信息系统，实现各级安全生产应急指挥机构与相关专业应急指挥机构、国家级区域应急救援（医疗救护）基地以及骨干应急救援（医疗救护）机构间的信息共享。应急信息系统建设要结合实际，依托和利用安全生产通信信息系统和有关办公信息系统资源，规范技术标准，实现互联互通和信息共享，避免重复建设。

高度重视应急管理和应急救援队伍的自身建设，建设一支政治坚定、作风过硬、业务精通、装备精良、纪律严明的安全生产应急管理和应急救援队伍。加强思想作风建设，强化忧患意识、执行意识、服务意识、奉献意识，养成勤勉敬业、雷厉风行、尊重科学、敢打硬仗的作风。加强业务建设，强化教育、培训与训练，提高管理水平和实战能力。建立激励和约束机制，对在安全生产事故应急救援工作中做出突出贡献的单位和个人，要给予表彰和奖励。

六、坚持预防为主、防救结合，做好事故防范工作

切实加强风险管理、重大危险源管理与监控，做好事故隐患的排查整改工作。建立预警制度，加强事故灾难预测预警工作，要定期对重大危险源和重点部位进行分析和评估，对可能导致安全生产事故的信息要及时进行预警。

充分发挥安全生产应急救援队伍的作用，坚持“险时搞救援，平时搞防范”的原则，建立应急救援队伍参与事故预防和隐患排查整改的工作机制。组织矿山、危险化学品及其他相关救援队伍参与企业的安全检查、隐患排查、事故调查、危险源监控以及应急知识培训等工作。国家级区域救援基地和骨干救援队伍要发挥辐射带动作用，根据自身特点和优势，广泛开展技术业务咨询和服务，帮助企业特别是中小企业做好相关工作。

以生产经营单位、社区和乡镇为重点加强基层和现场的应急管理工作。从建立健全应急预案、建立救援队伍、加大应急投入、完善救援保障、普及应急知识等方面入手，将各项工作落实到各环节、各岗位，全面加强基层安全生产应急管理工作，提高第一时间的应急处置水平和能力。

七、做好安全生产事故救援工作

按照国务院办公厅加强和改进突发公共事件信息报告工作的要求，做好信息报告等工作。对重特大事故灾难信息、可能导致重特大事故的险情，或者其他灾害和灾难可能导致重特大安全生产事故灾难的重要信息，各级安全监管部门、其他有关部门和各生产经营

单位要及时上报并密切关注事态发展，做好应急准备和处置工作。

发生事故的单位要立即启动应急预案，组织现场抢救，控制险情，减少损失。要在各级政府的统一领导下，依靠科技手段，加强事故发展趋势预测工作，发挥专家的作用，科学制定事故现场救援方案。同时，建立事故应急救援的现场组织工作机制，加强协调配合，有效组织各类应急救援队伍和救援力量，调集救援物资与装备，开展应急救援工作。各级安全监管部门及其应急指挥机构要会同有关部门加强对事故现场救援的具体组织、指导、协调工作。

高度重视安全生产事故灾难的信息发布、舆论引导工作，为处置事故灾难营造良好的舆论环境。坚持正面宣传，及时、准确发布信息，正确引导舆论。充分发挥中央和地方主流新闻媒体的舆论引导作用，安全监管系统及各行业内各类媒体要积极发挥作用。

安全生产事故灾难善后处置工作结束后，现场应急救援指挥部要分析总结应急救援经验教训，提出改进建议。各级安全监管部门和其他有安全监管职责的部门要对所辖区域内安全生产事故灾难的处置、相关防范工作和应急管理工作进行评估，及时改进工作，提高应急管理工作水平。

八、加强安全生产应急管理培训和宣传教育工作

将安全生产应急管理和应急救援培训纳入安全生产教育培训体系。在有关注册安全工程师、安全评价师等安全生产类资格培训，以及特种作业培训、企业主要负责人培训、安全生产管理人员培训和市、县长等培训中增加安全生产应急管理的内容。分类组织开发应急管理和应急救援培训适用教材，加强培训管理，提高培训质量。生产经营单位要加强对从业人员的应急管理知识和应急救援内容的培训，特别是要加强重点岗位人员的应急知识培训，提高现场应急处置能力。

充分发挥出版、广播、电视、报纸、网络等文化宣传力量的作用，通过各种有效方式，加大宣传力度。要使安全生产应急管理的

法律法规、应急预案、救援知识进企业、进机关、进学校、进社区，普及安全生产事故预防、避险、自救、互救和应急处置知识，提高生产经营单位从业人员救援技能，增强社会公众的安全意识和应对事故灾难的能力。

参考文献

1. 全国注册安全工程师职业资格考试辅导教材编审委员会. 安全生产管理知识. 北京：煤炭工业出版社，2004

2. 全国注册安全工程师职业资格考试辅导教材编审委员会. 安全生产管理知识. 北京：煤炭工业出版社，2005

3. 中国安全生产协会注册安全工程师工作委员会. 安全生产管理知识. 北京：中国大百科全书出版社，2008

4. 中国安全生产协会注册安全工程师工作委员会. 安全生产技术. 北京：中国大百科全书出版社，2008

5. 中国安全生产协会注册安全工程师工作委员会. 安全生产法及相关法律知识. 北京：中国大百科全书出版社，2008

6. 国家安全生产监督管理总局. 安全评价（修订版）. 北京：煤炭工业出版社，2002

7. 崔国璋，董丽娜. 安全生产管理知识. 北京：中国劳动社会保障出版社，2002

8. 刘铁民，吴宗之等. 厂长（经理）安全生产管理读本（第二版）（通用版）. 北京：中国劳动社会保障出版社，2008

9. 中国就业培训技术指导中心. 安全评价师（第二版）. 北京：中国劳动社会保障出版社，2011